Die Wahrheit über Deutschland

von

George Stuart Fullerton

Professor der Philosophie an der Columbia-Universität New-York
Honorar-Professor an der Universität Wien
Erster amerikanischer Austausch-Professor für Österreich

Übersetzt von

Dr. Ernst Sieper

a. o. Professor an der Universität München

München und Berlin 1916
Druck und Verlag von R. Oldenbourg

Vorrede.

Die Schrift des Professors Fullerton, die hiermit in deutscher Ausgabe erscheint, ist in erster Linie zur Verbreitung in Amerika bestimmt. Sie wurde geschrieben, als in den ersten Kriegsmonaten die deutschfeindliche Gesinnung in den Vereinigten Staaten so übermächtig hervorbrach, und verfolgt den Zweck, in kurzer, gemeinfaßlicher Darstellung dem Amerikaner ein klares Bild von der Verfassung, der Gesetzgebung — insbesondere auf sozialem Gebiete — und der militärischen Organisation der Deutschen zu geben. Der Verfasser, selbst ein angesehener Amerikaner und einer der ältesten Ansiedlerfamilien entstammend, will durch seine Darlegungen die Legende von dem „militaristischen und geknechteten Volke der Deutschen" zerstören helfen. Er möchte seine Landsleute überzeugen, daß Deutschland im Grunde demokratischer gesinnt ist als Amerika. Das Buch ist keine Kriegsschrift. Der Verfasser will auch für spätere ruhigere Zeiten seinen Lesern die Augen darüber öffnen, was Deutschland in Wirklichkeit ist und wie gerade Amerika in seinem eigenen wohlverstandenen Interesse bestrebt sein muß, Frieden und Freundschaft mit Deutschland zu halten.

Man könnte die Frage erheben, ob es zweckmäßig war, das für Amerika geschriebene Buch auch in deutscher Übersetzung zu verbreiten. Der Verlag hat diese

Frage aus einem doppelten Grunde bejahen zu sollen geglaubt.

Zunächst ist es für uns in mannigfacher Beziehung interessant und nützlich, zu erfahren, wie wir von anderen beurteilt werden. Die Darstellung Fullertons, der mit anders gearteten Anschauungen an die Betrachtung Deutschlands herantritt, wirft vielfach ganz neues Licht auf unsere heimischen Zustände. Manches, was uns durch Gewohnheit selbstverständlich geworden ist, erscheint in neuer überraschender Beleuchtung. Vielen unter uns, die sich durch einseitigen Parteistandpunkt und kritische Neigungen den Blick für die großen Züge unserer staatlichen und völkischen Organisation haben trüben lassen, wird das Buch eine heilsame Lektüre sein. Es macht uns stolz, ein Deutscher zu heißen.

Sodann zeigt uns Fullertons Buch, wie das schwierige Problem der Aufklärung des Auslandes angepackt werden muß, um erfolgreich gelöst zu werden. Die Schwierigkeiten, die dieser Aufklärung entgegenstehen, werden meist unterschätzt. Als der Krieg begann, haben naive Leute gemeint, man brauche nur richtige Nachrichten durch die Übersendung von Zeitungen und Büchern ins Ausland gelangen lassen, um dort den Umschwung der öffentlichen Meinung herbeizuführen. Daß das nutzlos ist, weiß jeder, der im Auslande gelebt und dort, wenigstens eine Zeitlang, ins fremde Volksbewußtsein unterzutauchen versucht hat. Die Nachrichten über die politischen Geschehnisse und die offiziellen Mitteilungen der deutschen Heeresleitung über die Kriegsvorgänge werden trotz der zerstörten Kabel auf drahtlosem Wege selbst bis nach Amerika hinübergeleitet. Die Frage ist nur, ob und in welcher Beleuchtung sie von der Tagespresse dem Durchschnittsleser vorgetischt werden. Es genügt auch nicht dem Amerikaner und anderen neutralen Staaten in einem den Deutschen wohlwollenden Sinne zu sprechen. Was not tut, sind Leute, die mit der Denkart und der Psyche des fremden Volkes durchaus vertraut sind und die Fähigkeit besitzen, den Angehörigen der fremden Nation auf dem Niveau ihrer Anschauungen in der ihnen vertrauten Sprache etwas überzeugend klarzumachen. Viele der Erklärungen und offenen Briefe, die seit Kriegsausbruch von Deutschland aus nach Amerika und anderen neutralen Ländern hinübergesandt wurden, argumentieren von einem spezifisch deutschen Standpunkt aus und waren deshalb ganz und gar ungeeignet, auf die Bewohner des Landes Eindruck zu machen.

Fullertons Buch vermeidet diesen Fehler. Der Verfasser weiß sich in die Vorstellungswelt seiner Leser einzufühlen und sie auf dem Niveau ihrer Anschauungen zu packen. Was beispielsweise den Weltkrieg und seine Veranlassung angeht, so verzichtet er darauf, seinen Landsleuten eine akademische Erörterung der Rechtslage zu geben. Er sucht ihnen klarzumachen, wie sie denken und fühlen würden, falls an ihrer kanadischen Grenze ein gewaltig aufstrebendes, autokratisch regiertes, halbzivilisiertes, feindlich gesinntes Land wie Rußland gelegen wäre, im Süden aber eine große, tapfere, revanchehungrige Nation fortwährend Grund zur Beunruhigung geben würde, während eine anmaßende, allgewaltige Seemacht die Zugänge zum Meere allezeit zu unterbinden vermöchte. „Ich kenne“, so sagt Fullerton, „meine Amerikaner und weiß genau, wie sie sich in solcher Lage verhalten würden.“

Es wäre wünschenswert, wenn die vorliegende Schrift zu ähnlichen Monographien für die anderen neutralen Länder den Anstoß geben würde. Auch in Europa müssen die neutralen Staaten darüber belehrt werden, daß das deutsche Volk nicht aus eitel Chauvinisten besteht, die für die Rechte anderer Völker kein Verständnis haben und von schrankenlosen Eroberungen träumen. Sie müssen überzeugt werden von der friedlichen Gesinnung der erdrückenden Majorität unserer Landsleute, die von keinem anderen Wunsche beseelt sind, als den Werken des Friedens zu dienen.

Eine wertvolle und notwendige Ergänzung dieser Aufgabe würde es sein, auch in Deutschland bessere Vorstellungen über die neutralen Staaten zu verbreiten. Diese Forderung, die bereits mehrfach von mir erhoben und begründet worden ist, geht jetzt ihrer Vollendung entgegen. Professor Meinecke in Berlin hat in Verbindung mit dem Verlage Oldenbourg in München die Abfassung einer Serie von Monographien über die einzelnen neutralen Staaten mit germanischer Bevölkerung in die Wege geleitet. Die geplanten Bücher sollen in Deutschland zutreffendere Ansichten über die Verfassung, Bevölkerung und Kultur Schwedens, Norwegens, Dänemarks, der Schweiz und Hollands verbreiten.

Aber kehren wir für einen Augenblick zu Fullertons Buch zurück. Der Verfasser ist von aufrichtiger Bewunderung erfüllt für die gewaltige Kraft Deutschlands, die aus dem Innern quillt und deshalb unbesiegbar ist. Aber aus diesem Bewußtsein erwächst ihm auch die Erkenntnis der ungeheuren Verantwortlichkeiten und Pflichten, die Deutschland im Rate der Völker zu erfüllen hat. Wie das Individuum außer den Pflichten gegen sich selbst auch Pflichten gegen die Gemeinschaft hat, so wird jede lebensfähige Nation gerade um der weltpolitischen Mission willen, die sie zu erfüllen hat, sich auch der Verantwortlichkeit gegen andere Nationen bewußt bleiben müssen. Fullerton hofft, daß durch die gemeinsame Arbeit der großen Nationen irgendeine Art zwischenstaatlicher Organisation gefunden werden könnte, welche die Wiederkehr solcher Weltkatastrophen unmöglich macht. Die jetzige Lage, so führt er aus, ist so unerträglich, so fürchterlich, daß sie notwendigerweise das Heilmittel erzeugen muß. Völkerverständigung oder Chaos. Die Alternative ist unerbittlich. Wie der Einzelmensch innerhalb der staatlichen Grenzen als zivilisiertes Wesen leben und wirken kann, so müssen wir dahin gelangen, daß in den gegenseitigen Beziehungen der Staaten nicht rohe Gewalt, sondern Vernunft, Recht und Rücksicht herrschend werden. Gerade aus der Unmöglichkeit der Fortdauer der Zustände, wie wir sie jetzt durchleben, erwächst uns die Gewißheit, daß, wenn nicht uns, so doch unseren Enkeln einst ein besserer Morgen tagt, auf „daß das Gute wachse, wirke, fromme, auf daß der Tag den Edlen endlich komme“.

Ein zwar langsames, aber untrügliches Mittel im Kampfe für dieses hohe und leider noch so ferne Ideal ist eben das Werk der Aufklärung. Wir müssen dafür sorgen, daß die Nationen besser untereinander unterrichtet werden. Nur so dürfen wir hoffen, jene falschen Anschauungen und Vorurteile zu beseitigen, die letzten Endes an allem Unheil in den internationalen Beziehungen der Völker schuld sind.

München, Weihnachten 1915.

Ernst Sieper.

Inhalt.

1. Kapitel.

Der deutsche Staatenbund.

Deutschland ist in mancher Beziehung eine Nation wie die Vereinigten Staaten von Amerika. Wir dürfen uns nicht irreführen lassen durch die Ideenverbindungen des Wortes „Kaiserreich“. Das deutsche Kaiserreich ist ein konstitutioneller Bund von Staaten, die von einem einheitlichen Volke derselben Abstammung, derselben Sprache und vielfach auch derselben Überlieferungen bewohnt werden. Die Deutschen haben die Nachteile ihrer staatlichen Zerrissenheit lange genug erfahren, und sie haben eine lebendige Erinnerung an die bitteren Demütigungen, die sie erlitten, als Deutschland uneinig und schwach war. Sie können nun auf eine 40-jährige Erfahrung, die ihnen die Vorteile der Einheit zum Bewußtsein brachte, zurückschauen, und alle Staaten wissen diese Vorteile voll und ganz zu würdigen.

Die Einigung der Nation.

Es ist für uns Amerikaner jetzt natürlich, uns unsere Staaten als Teile einer Bundesgemeinschaft vorzustellen. Aber es ist nicht so leicht, uns Königreiche und Fürstentümer zu denken, deren Herrscher von Gottes Gnaden auf einige ihrer Staatsrechte zugunsten einer Bundesregierung verzichten.

Um die Situation besser zu begreifen, müssen wir zu einer früheren Epoche in unserer Geschichte zurückkehren. Der alte Streit über Staatsrechte und Bundeskontrolle ist für uns erledigt. Wir sind eine Nation, und die Staaten, obgleich souverän innerhalb gewisser Grenzen, haben endgültig auf jene vollkommene Souveränität, die eine wirkliche Einheit unmöglich machen würde, verzichtet. Es gab eine Zeit, in der es einem Amerikaner schwer gewesen wäre, zu begreifen, was er nunmehr als selbstverständlich hinnimmt. Unser Bürgerkrieg war der große Gipfel einer Entwicklung, die uns endgültig zu einer Nation zusammenschweißte.

Die Vereinigten Staaten von Deutschland haben ihr nationales Selbstbewußtsein vielfach in derselben Weise entwickelt wie die Vereinigten Staaten von Amerika. Die Entwicklung ist indessen eine schnellere gewesen. Es ist für die Bevölkerung aller deutschen Staaten eine Selbstverständlichkeit geworden, sich als Deutsche zu betrachten, ebenso wie wir uns alle als Amerikaner anzusehen gewöhnt sind.

Die Schnelligkeit dieser Entwicklung ist teilweise auf einen Druck von außen zurückzuführen. Wären unsere Vereinigten Staaten umgeben gewesen von mächtigen und eifersüchtigen Nachbarn, so würden sie notwendigerweise schon früher ein starkes Einheitsgefühl erlangt haben. Deutschland ist in solcher Lage gewesen, und die Deutschen waren gezwungen, sich auf ihre Stammesbrüder zu stützen und eine starke Bundesregierung für sich zu schaffen.

Ich habe diese Einigung Deutschlands seit 30 Jahren beobachten können. Diejenigen, die Deutschland nicht gut genug kennen, können leicht durch oberflächliche

Verschiedenheiten zu falschen Schlüssen geführt werden. Diejenigen, die das Land wirklich kennen, waren seit Jahren davon überzeugt, daß sich Bayern ebensowenig von Preußen trennen würde als Massachusetts von New York.

Wenn von Angehörigen anderer Nationen der Gedanke ausgesprochen wird, daß eine Auflösung des deutschen Bundes zu wünschen sei, und daß die kleineren Staaten von dem sog. preußischen Joch befreit werden müßten, so haben Deutsche, die dergleichen Redensarten hören, mehr oder minder dieselben Empfindungen, als sie uns Amerikaner beschleichen würden, wenn Ausländer von der Notwendigkeit der Sezession einiger Staaten unserer Union reden würden. Die Vereinigten Staaten von Deutschland haben einen ebenso starken Willen zur Einheit wie die Vereinigten Staaten von Amerika. Selbst in den Reichslanden Elsaß und Lothringen, die verhältnismäßig spät den deutschen Staaten angegliedert wurden, haben sich in den verflossenen Jahren überraschende Anzeichen für eine günstigere Stimmung dem Reiche gegenüber gezeigt. Wir dürfen uns nicht irre machen lassen durch den Ausbruch einer gewissen Erregung, die sich im Volke hin und wider gegen die Armee oder vielmehr gegen gewisse Offiziere äußert. In Elsaß-Lothringen ist der deutsche Gedanke natürlich noch nicht in demselben Maße wie in Bayern oder Württemberg lebendig geworden. Allerdings darf das Übelwollen, das hier und dort gegen alles, was deutsch heißt, vorhanden sein mag, nicht verglichen werden mit dem Übelwollen des größten Teiles von Irland gegen England. Die Tatsache ist überraschend, aber es ist, wie ich überzeugt bin, eine Tatsache.

Die Reichslande haben ihren Anteil an den wirtschaftlichen Vorteilen einer Vereinigung mit dem Reiche gehabt, und es herrscht dort das Gefühl, daß man im großen und ganzen nicht schlecht regiert worden ist. Ich glaube, daß die deutsche Regierung die Stärke der Bande unterschätzt hat, welche die Reichslande mit dem Reiche verbinden. Die Städte in Elsaß-Lothringen wählen ihre eigenen Bürgermeister. Aber die Wahl muß von der kaiserlichen Regierung bestätigt werden. Vor dem Kriege hat es sich ereignet, daß Bürgermeister nicht bestätigt wurden, da man für ihre deutsche Gesinnung nicht genügend Garantien zu haben glaubte. Nichtsdestoweniger sind beim Ausbruch des Krieges gerade diese Leute sofort als Freiwillige in das Heer eingetreten zur Verteidigung des Reiches gegen seine Feinde. Gerade wie ich diese Zeilen zu Papier bringe, wird mir ein Exemplar einer radikal-sozialistischen Zeitung von Mülhausen, des offiziellen Organs der Partei, gebracht. Ich ersehe daraus, daß der radikalsozialistische Reichstagsabgeordnete aus Elsaß nachdrücklich hervorhebt, daß eine Trennung der Reichslande von Deutschland ein Unglück für die Industrie bedeuten und zu einer schweren Schädigung der Arbeiter führen würde.

Es ist nicht überraschend, daß die kleineren Staaten begeisterte Anhänger des deutschen Bundes sind. Für sich waren sie ohne Bedeutung und wirtschaftlich schwer geschädigt. Vereint sind sie wesentliche Teile einer großen Nation und erfreuen sich wirtschaftlicher Vorteile.

In diesem Zusammenhange möchte ich die Worte des Dr. Herbert Adams Gibbons, des Korrespondenten des „Evening Telegraph“ in Philadelphia, zitieren.

Dr. Gibbons besuchte Deutschland gegen Ende des Jahres 1914, um mit eigenen Augen die dortigen Verhältnisse zu studieren. Er betont in seinem Briefe von München, daß seine Sympathien und Vorurteile ihn gegen den deutschen Standpunkt einnehmen. Nichtsdestoweniger schreibt er mit Bezug auf die kleineren Staaten: „Wie in Württemberg, so ist es in Bayern. Unter der Hegemonie Preußens haben diese Leute sich eines ununterbrochenen und unbegrenzten Wohlstandes erfreut. Aladdins Lampe stand ihnen während der letzten Generation vor Augen; sie brauchten sie nur zu reiben, um ihre Wünsche zu befriedigen. Sie haben ihren Zugang zur See gehabt. Das Ansehen und die Kraft eines geeinigten Deutschland hat ihnen Vorteile gebracht. Werden sie jemals wieder gewillt sein, zum Regime des kleinen Binnenlandkönigreiches zurückzukehren? Die Bayern vergegenwärtigen sich jetzt, seit der Krieg begann, mehr als je die Absicht der Feinde Deutschlands, und sie fühlen, daß für sie dieser Krieg in höherem Maße Existenzkampf ist als für die Preußen, die eine Seeküste besitzen. Es kam dies in ihren Zeitungen zum Ausdruck."

Jeder Krieg nach außen wird das Gefühl der Einheit bei einem Volke stärken und zu einer Verminderung innerer Zwistigkeiten führen. Aber die beispiellose Einmütigkeit, mit der nicht nur die deutschen Staaten sondern auch alle Klassen der Bevölkerung, auch solche, zwischen denen scheinbar unversöhnliche Gegensätze klafften, in den großen Krieg zogen, muß jeden, der, wie ich, ein unparteiischer Zeuge der Ereignisse der Jahre 1914/15 war, mit gewaltigem Eindruck erfüllt haben. Ein außerordentlich starkes Nationalgefühl offenbarte sich, eine

Begeisterung, auf die sich auch in Amerika unsere Zukunftshoffnung richtet. Selbst konfessionelle Gegensätze, die erfahrungsgemäß die bittersten sind, verlor man in jener Zeit vollkommen aus den Augen.

Ich weiß wohl, daß man in München Witze auf Kosten des Berliners hört und daß man sich in Norddeutschland über den Bayern oder den Schwaben belustigt. Aber solch gutmütiges Gespött hat, soweit ich zu urteilen vermag, wenig mehr zu bedeuten als das des Einwohners von New York, der sich darüber beklagt, daß er in Philadelphia nicht schlafen kann wegen des Lärms, den die auf das Dach prallende Sonne macht, oder die Bemerkung des Mannes aus Philadelphia, daß er in Chicago, abgesehen von den alten Familien, nichts Neues fand. Es gibt Verschiedenheiten zwischen Nord- und Süddeutschland. Aber sie sind nicht größer als die Verschiedenheiten zwischen den Einwohnern von New York und jenen von New Orleans. Sie haben keine politische Bedeutung. Die deutsche Nation ist einig. Sie hat den Willen, einig zu sein, und es wäre töricht, zu glauben, daß sie jemals wieder entzweit werden möchte.

Die Bundesregierung und die Staaten.

Der deutsche Bund besteht aus 22 Staaten, 3 Freien Städten und dem Reichslande Elsaß-Lothringen. Er umfaßt 4 Königreiche, 6 Großherzogtümer, 5 Herzogtümer und 7 Fürstentümer. Die alten Freien Hansestädte Bremen, Hamburg und Lübeck haben ihre alten Privilegien bewahrt und sind dem Reiche als selbständige Staaten beigetreten. Wie die Staaten durch ihre Fürsten, so werden die Hansestädte durch ihre Bürgermeister vertreten. Diese Freien Städte sind in Wirklichkeit Republiken. Sie haben eine durchaus republikanische Form der Regierung. Elsaß und Lothringen kamen zu Deutschland im Jahre 1871 und stehen in einem etwas anderen Verhältnis zum Reiche als die anderen Staaten.

Die Bundesregierung.

Die Bundes- oder Reichsregierung besitzt eben jene Rechte, die ihr freiwillig von den Staaten, die das Reich bildeten, übertragen wurden. Ihre Machtbefugnis wird bestimmt durch die Zwecke, denen sie dienen sollte. Die Verhältnisse in Deutschland haben mit denjenigen in unserem eigenen Lande tatsächlich eine nicht geringe Ähnlichkeit. Es existiert eine Bundesregierung mit 2 Körperschaften und einer obersten vollziehenden Gewalt. Daneben bestehen die Regierungen der Einzelstaaten, über welche die Bundesregierung eine beschränkte Kontrolle hat. Der Bundesrat, der in gewisser Beziehung mit unserem Senate zu vergleichen ist, repräsentiert die Regierungen der verschiedenen Staaten. Die wichtigeren Staaten haben eine größere Anzahl von Vertretern als die kleineren, indessen steht die Vertretung in keinem bestimmten Verhältnis zu der Bevölkerung. So hat Preußen in dem Bundesrat nur 17 von 58 Stimmen. Gewiß darf man den Einfluß Preußens im Bunde nicht danach bemessen; denn nicht nur übt Preußen einen großen Einfluß auf die kleineren Staaten aus, sondern seine Vertreter im Bundesrat haben in gewissen Grenzen ein Vetorecht, kraft dessen Neuerungen in der Gesetzgebung, welche die Armee, die Flotte, Zölle und Steuern betreffen, verhindert werden können. Der Begriff der besonderen und

Reservatrechte ist dem deutschen Bunde nicht unbekannt. So erfreuen sich Preußen, Bayern und Sachsen innerhalb gewisser Grenzen besonderer Rechte, während Bayern und Württemberg Reservatrechte zugebilligt erhielten.

Es würde falsch sein und die Deutschen würden dagegen protestieren, wenn man ihren Bundesrat als Oberhaus bezeichnen wollte. Der Bundesrat ist das Kollegium der Vertreter der Bundesstaaten, der Träger der Reichssouveränität. Die Souveränität der verbündeten Regierungen findet darin ihren Ausdruck. Trotzdem scheinen dem kritischen Auge des Amerikaners seine Machtbefugnisse im wesentlichen diejenigen eines Oberhauses zu sein, und dem Bundesrat steht als solchem keine legislative Gewalt für das Reich ohne die Mitwirkung des Unterhauses (Reichstages) zu. Aus diesem Grunde werde ich von dem Bundesrat als einer der Kammern der Bundesverfassung sprechen.

Die Mitglieder der 2. Kammer, des Reichstages, der unserem Repräsentantenhaus entspricht, werden durch das allgemeine männliche Stimmrecht gewählt. Bei uns wird ein Bürger der Vereinigten Staaten ganz von selbst ein Bürger irgendeiner der Staaten, in denen er seinen Aufenthalt nimmt. Das Umgekehrte ist der Fall in Deutschland. Derjenige, der ein Bürger irgendeines Staates des Deutschen Reiches ist, wird dadurch von selbst ein Bürger des Reiches und darf als solcher für einen Vertreter der Nation im Reichstage seine Stimme abgeben. Die Wahl ist direkt und geheim.

Die Wichtigkeit dieser Nationalvertretung kann nicht überschätzt werden, denn alle Gesetze für die Regierung des Reiches müssen, um Gültigkeit zu erlangen, die absolute Majorität der Stimmen sowohl im Bundesrat als im Reichstage erhalten.

Die Reichsregierung ist die höchste legislative Autorität in Armee- und Flottenangelegenheiten, ferner für die Reichsfinanzen und den deutschen Handel. Sie kontrolliert den Post- und Telegraphenverkehr mit Ausnahme der Staaten Württemberg und Bayern, die sich darin gewisse Rechte ausbedungen haben. Ferner unterstehen ihr die Eisenbahnen, soweit sie die nationale Verteidigung betreffen. In einer Reihe von Angelegenheiten, welche die Rechte und Interessen der deutschen Staatsbürger angehen, müssen die einzelnen Staaten sich den Anordnungen der Reichsgesetzgebung fügen. In das Gebiet der Reichsgesetzgebung fallen Naturalisation, Heimatrecht, Fluß- und Kanalschiffahrt, Bankwesen, Patent- und Verlagsrechte. Zur Reichsgesetzgebung gehören das bürgerliche und Strafrecht sowie die Regelung des Gerichtsverfahrens. Auch die Verwaltung der Kolonien untersteht dem Reiche.

Vergleich mit unserem Kongreß.

Man erkennt leicht, daß die Rechte, welche die Kammern der Reichsregierung in Deutschland besitzen, sich in mancher Beziehung mit denjenigen vergleichen lassen, die der Kongreß in den Vereinigten Staaten von Amerika ausübt. Der Kongreß kann Steuern und Zölle ausschreiben und einsammeln, Staatsanleihen erheben, den Außen- und Innenhandel regulieren, die Bedingungen für die Naturalisation festlegen und Gesetze erlassen, die das Bankwesen, Geld, Gewichte, Maße, das Postwesen, Verlags- und Patentrechte betreffen. Er kann Verordnungen erlassen für die unteren Bundesgerichte, Krieg erklären, sowie Vorkehrungen treffen für die Aushebung und Unterhaltung des Heeres und der Marine. Überdies liegt die Einteilung des Staatsgebietes in Territorien in seiner Hand. Er hat neue Staaten der Union einverleibt, wenn es notwendig erschien. Die vielbesprochene sog. „sweeping clause" der Verfassung, die dem Kongreß das Recht gab, alle Gesetze zu erlassen, die notwendig sind, um die Gewalt, mit denen die Verfassung die Regierung der Vereinigten Staaten oder irgendeine Sparte oder einen Beamten der Regierung bekleidet hat, zum Vollzug zu bringen, hat den Kongreß instand gesetzt, Maßnahmen zu treffen, an die man noch nicht dachte, als die Konstitution verkündigt wurde.

Solche Maßnahmen waren der Ankauf von Louisiana und Alaska in den Jahren 1803 und 1867 und die Angliederung jener Gebiete, die von den Vereinigten Staaten in den letzten Jahren gewonnen wurden.

Kurzum, der Kongreß der Vereinigten Staaten ist die höchste gesetzgebende Körperschaft; er befaßt sich mit allem, was die Nation als Ganzes betrifft. Die deutschen Kammern dienen genau demselben Zweck, und ihre Machtbefugnisse sind durch den Zweck, dem sie dienen sollen, bestimmt. Die Staaten, die in beiden Bundesregierungen verkörpert werden, sind bis zu einem gewissen Grade unabhängig und unterstehen anderseits innerhalb gewisser Grenzen einer höheren Autorität.

Der Präsident und der Kaiser.

In einer Hinsicht besteht ein auffälliger Unterschied zwischen der Stellung der vollziehenden Gewalt des Deutschen Reiches und derjenigen des Präsidenten der Vereinigten Staaten von Amerika. Amt und Würde des Deutschen Kaisers sind erblich, und zwar in dem Hause Hohenzollern, der regierenden Familie im Königreiche Preußen. Dies ist die Folge eines gegenseitigen Übereinkommens zwischen den Staaten, die im Jahre 1871 das Reich bildeten; es gibt, abgesehen von der Größe und Bedeutung Preußens als Staat, historische Gründe, die dieses Übereinkommen als ganz natürlich erscheinen lassen.

Aber sowohl die Tatsache, daß die höchste vollziehende Gewalt des Deutschen Reiches in den Händen eines erblichen Kaisers ruht, als auch der Umstand, daß letzterer König von Preußen ist und als solcher verschiedene Rechte besitzt, die mit den Rechten und Pflichten als Kaiser nichts zu tun haben, waren geeignet, in den Vereinigten Staaten, selbst in den Köpfen gut unterrichteter Leute, weitverbreitete falsche Vorstellungen über Macht und Reich der kaiserlichen Würde zu verbreiten.

In Wahrheit ist der Deutsche Kaiser eigentlich der Präsident des Bundes der deutschen Staaten. Man sollte nicht vergessen, daß sein offizieller Titel „Deutscher Kaiser" ist, nicht „Kaiser von Deutschland". Dieser Titel wurde ihm übertragen, um die Tatsache nachdrücklich hervorzuheben, daß er der erste unter den deutschen Fürsten ist und daß seine Stellung nicht identisch ist mit derjenigen eines deutschen Kaisers früherer Zeiten. Die Staaten gehören nicht ihm, er gehört den Staaten.

Seine Machtbefugnisse als ausübende Gewalt der Vereinigten Staaten von Deutschland sind analog denjenigen unseres Präsidenten. Gesetzesvorschläge, die von den Kammern angenommen wurden, müssen von ihm unterfertigt werden, bevor sie Gesetzeskraft erlangen. Als König von Preußen steht ihm durch die preußischen Vertreter im Bundesrat ein beschränktes Vetorecht bei der Gesetzgebung, wie sie oben geschildert wurde, zu. Unser Präsident besitzt ein unbeschränkteres Vetorecht, obgleich Anträge auch gegen seinen Einspruch Gesetzeskraft erlangen können, wenn sie mit $^2/_3$ Majorität von unserem Senat und dem Unterhause angenommen werden. Der Kaiser verfügt noch über andere indirekte Mittel zur Beeinflussung der Gesetzgebung. Aber das ist auch der Fall bei unserm Präsidenten. Hier liegt der Vorteil, soweit mein Urteil reicht, mehr auf seiten unseres Präsidenten, der von einer unserer großen politischen Parteien gewählt wird und voraussichtlich auch die Unterstützung dieser Partei genießt. Er ist nicht gehemmt von einem Senate, dessen Mitglieder von den einzelnen Staaten, die gegen jede ungehörige Erweiterung der kaiserlichen Machtbefugnisse sich leicht mißtrauisch zeigen, delegiert werden. Wenn der Kaiser geachtet und beliebt ist — und es ist für diejenigen, die Deutschland während der letzten 25 Jahre näher gekannt haben, keine Frage, daß man in allen Teilen des Reiches zu dem Kaiser mit wachsender Achtung und Zuneigung aufblickt — so kann sein indirekter Einfluß groß sein. Er hat einen Vorteil gegenüber selbst populären Präsidenten der Vereinigten Staaten, sein Amt dauert länger.

Der Kaiser kann den Reichstag auf nicht länger als 30 Tage vertagen. Er kann ihn mit Zustimmung des Bundesrates auflösen. Aber dann müssen neue Wahlen innerhalb 60 Tagen anberaumt werden. Die neue Session muß innerhalb 90 Tagen eröffnet werden.

Unser Präsident kann besondere Tagungen des Kongresses einberufen; für den Fall, daß die beiden Kammern hinsichtlich der Dauer der Vertagung nicht übereinstimmen, kann er diese Dauer nach eigenem Gutdünken bemessen. Indessen darf sie nicht über den Tag, der für den Beginn der nächsten Session des Kongresses angesetzt ist, hinausreichen.

Der Kaiser ist Oberkommandierender der Armee und der Flotte, desgleichen unser Präsident. Der Kaiser kann einen Defensivkrieg erklären. Für die Erklärung eines Offensivkrieges bedarf er der Zustimmung des Bundesrates. Die Kredite, die zu der erfolgreichen Führung des Krieges notwendig sind, müssen vom Reichstage oder dem Unterhause, das auch das Budget bewilligt, genehmigt werden. In bezug auf den Abschluß von Verträgen mit fremden Nationen, die Ernennung von Gesandten usw., überschreiten die Machtbefugnisse des Kaisers diejenigen des Präsidenten. Wie unser Präsident hat der Kaiser ein „Kabinett", das theoretisch ihm allein verantwortlich ist. In Wirklichkeit aber wird der Premierminister dieses Kabinetts, das ist der Kanzler des Reiches, zurücktreten müssen, wenn er auf die Dauer nicht auf die Zustimmung der Parteien des Reichstages rechnen kann. Für die Minister des Präsidenten kommt eine solche Bedingung eigentlich nicht in Betracht. Anderseits erwartet man von unserem Kabinett, daß es die Politik des Präsidenten unterstützt, der wieder in Übereinstimmung bleiben muß mit der Majorität der Bürger, deren Stimmen ihn zum Präsidenten erwählt haben. Überdies versehen die Mitglieder unseres Kabinetts ihr Amt nur für eine bestimmte Anzahl von Jahren, und diejenigen, die mit ihrem

Wirken unzufrieden sind, können warten bis ihre Sessel leer sind.

Die Bundesregierung in Deutschland und Amerika.

Es ist klar, daß die Bundesregierung der deutschen Staaten mit unserer eigenen Bundesregierung vieles gemeinsam hat. Die Regierungen der Staaten sind verkörpert in der einen Kammer und das Volk als solches in der andern. Der Kaiser, ungeachtet seines Titels und des Umstandes, daß ihm die Kaiserwürde erblich zufällt, besitzt Rechte und Pflichten, die ihrer Natur und ihrem Umfange nach sich mit denjenigen unserer obersten ausübenden Gewalt wohl vergleichen lassen. Es ist nicht unwichtig, dies hervorzuheben und auf die tatsächlichen Verhältnisse hinzuweisen, denn selbst die Verständigen unter uns sind mehr oder weniger beeinflußt durch die Formen des Ausdrucks. Jeder amerikanische Schuljunge denkt sich bei dem Worte „Kaiser“ etwas, das an einen Augustus, Tiberius, Nero, Karl den Großen und Napoleon erinnert. Er denkt sich dabei nicht die dauernde Präsidentschaft eines freiwilligen Bundes von Staaten, die wenigstens zum kleinen Teil eigentlich Republiken sind und sich vereinigt haben auf Grund einer Verfassung, die in allgemeinem Interesse die Rechte und Piflichten sowohl der Regierenden als Regierten sorgfältsg festgelegt hat. Es würde töricht sein, auf diee Analogie zwischen den Vereinigten Staaten von Amerika und den Vereinigten Staaten von Deutschland allzu großes Gewicht zu legen. Aber es ist nicht nutzlos, sich die wirklichen Tatsachen vor Augen zu halten und dadurch die Tyrannei der Worte zu verhüten. Ich brauche, da ich für einsichtige Leser schreibe, kaum hervorzuheben, daß wir uns auch vor jener anderen Tyrannei hüten müssen, die durch unüberlegte und irrtümliche Übersetzung aus dem Deutschen hervorgerufen wird.

Die deutschen Staaten.

Die Analogie zwischen den Verfassungen der einzelnen deutschen Staaten, aus denen sich das Reich zusammensetzt, und den Verfassungen unserer eigenen Staaten ist nicht so augenfällig wie jene zwischen der deutschen Bundesregierung und unserer eigenen. Die deutsche Bundesregierung ist etwas verhältnismäßig Neues. Sie wurde eigens geschaffen. Sie entstand nicht nach und nach als das Resultat einer Entwicklung, die sich über Jahrhunderte erstreckte und von einer Menge historischer Zufälle bedingt war, obgleich ihre grundlegenden Prinzipien in der Vergangenheit wurzeln. Anderseits waren die Staaten, die das Reich bildeten, nicht neue Gemeinwesen. Sie hatten entweder als Ganzes oder in ihren wesentlichen Teilen schon lange existiert und eigene Überlieferungen entwickelt.

Als sie sich zusammenschlossen, sahen sie von dem Versuche ab, sich nach einem gemeinsamen Muster gewissermaßen neu zu bilden. Ihre Verfassungen erklären sich zum großen Teil aus ihrer historischen Entwicklung und sind im großen und ganzen den eigentümlichen Verhältnissen, den Lebensgewohnheiten und dem Denken des Volkes angepaßt. Ich habe hervorgehoben, daß Königreiche, Großherzogtümer, Herzogtümer, Fürstentümer und Republiken in den Bund unter verhältnismäßig gleichen Bedingungen eingetreten sind, daß sie ihre eigene Regierung beibehielten, während sie Bundesrechte erlangten. Ein Bayer, der sich in der

Republik Hamburg niederläßt, hat dort Stimmrecht und kann sich an der Wahl des ihm genehmen Kandidaten beteiligen. Ein Bürger der Republik Bremen kann unter ähnlichen Bedingungen sein Reichstagswahlrecht in Bayern, Sachsen oder Preußen ausüben. Aber wo immer er sich aufhalten mag, als Deutscher hat er sich den Bestimmungen und Gesetzen des Einzelstaates zu fügen.

Die deutschen Staaten haben ihre eigenen verfassungsmäßigen Versammlungen oder Landtage. Die sechs größeren Staaten haben das Zweikammersystem. Auch die Freien Städte haben ihre gesetzgebenden Körperschaften. Was die Zusammensetzung der Kammern in den einzelnen Staaten angeht, so herrschen vielfach Verschiedenheiten. Aber im allgemeinen kann gesagt werden, daß die Verfassung des typischen deutschen Staates weniger demokratisch ist als die des Reiches. Erbliche Überlieferung, Landbesitz, Steuern, selbst eine hervorragende Stellung in Wissenschaft oder Literatur kann einem Manne gewisse verfassungsmäßige Vorrechte bieten und ihm einen größeren Anteil an der Regierung seiner Mitbürger sichern. Zwischen der Verfassung des freien Staates Hamburg und jener der City von London ist eine auffällige Übereinstimmung. Hier möchte ich bemerken, daß nach meiner Überzeugung die Verfassungen der verschiedenen deutschen Einzelstaaten nach dem Friedensschluß Veränderungen unterworfen sein werden. Diese Verordnungen werden eine Angleichung an die demokratischen Grundsätze der Reichsverfassung zur Folge haben. Ich betrachte es als nicht unwahrscheinlich, daß das Stimmrecht in den verschiedenen Staaten jenen liberalen Charakter annehmen wird, wie er in den Wahlen für den Reichstag zum Ausdruck kommt. Die Hingebung des deutschen Volkes und die großen Opfer, die von allen Klassen in der gegenwärtigen Krisis des nationalen Lebens gebracht worden sind, würden auf diese Weise ihren verdienten Lohn finden.

Die Regierungen der Einzelstaaten.

Die Verfassungen der verschiedenen Staaten waren in der Vergangenheit allerlei Veränderungen unterworfen und werden auch in der Zukunft zweifellos Veränderungen erfahren. Trotzdem war ein stark konservativer Zug bis auf den heutigen Tag zu beobachten. Darin liegt kein Grund zur Überraschung für den Amerikaner, der sich freiwillig dazu versteht, unter einer Bundesverfassung zu leben, die $^5/_4$ Jahrhunderte lang eigentlich keine wesentlichen Veränderungen erfahren hat und überhaupt Veränderungen scheinbar nicht leicht verträgt. Wenn Leute begütert sind, so fürchten sie einen Wechsel, wenn sie elend sind, ist das Gegenteil der Fall. Unter meinen persönlichen Freunden kenne ich Männer von Erziehung und Einsicht, die zur sozialdemokratischen Partei gehören und sich für radikale Reformen einsetzen. Nichtsdestoweniger bin ich überzeugt, daß sie sich der Einführung jener radikalen Reformen, welche sie zu befürworten scheinen, widersetzen würden, falls man sie rasch und unvermittelt einführen wollte. Der Widerspruch ist nur äußerlich. Sie wollen Reformen, aber keine Revolution. Die Regierung, unter der sie leben, ist eine durchaus erträgliche, und es könnte leicht der Fall sein, daß sie eine schlechtere erhalten würden.

Die allgemeinen Grundsätze, auf denen die Selbstregierung in Deutschland beruht, sind in einem bedeutenden englischen Werke folgendermaßen charakterisiert worden: „Eine Regierung von berufsmäßig vorgebildeten Beamten, deren Freiheit gehemmt ist durch die Kritik des Laien und die Macht des Geldbeutels, und die in wirksamer Weise von den Zentralbehörden überwacht wird.“ Es wird hinzugefügt: „daß es bei diesem System ohne Reibung abgeht, ist auf die deutsche Gewöhnung zur Disziplin zurückzuführen. Daß es sich im großen und ganzen als tüchtig und wirksam erweist, ist ein Resultat der außerordentlich aufgeklärten und fortschrittlichen Ansichten der deutschen Büreaukratie“.

Es würde verlorene Zeit sein, wenn irgendein Bewunderer Deutschlands den Versuch unternehmen wollte, darzulegen, daß die Verfassungseinrichtungen der deutschen Staaten und diejenigen der Staaten, die unsere Union bilden, dieselben sind. Desgleichen wäre es töricht, wenn ein Gegner behaupten wollte, daß die Verfassungen der deutschen Staaten, eben weil sie anders sind, unerträglich seien für die Bevölkerung, die unter ihnen lebt. Auch die Regierungen haben ihre Geschichte. Ob eine Regierung etwas taugt, wird danach zu bemessen sein, was sie für die Regierten tut oder nach den Erwartungen, welche ihr die Regierten für die Zukunft entgegenbringen. Wenn ihre Leistungen zu Verarmung und Elend der Bevölkerung führen, zur Herrschaft der Ungerechtigkeit und einem weitverbreiteten Gefühl der Unsicherheit, so ist die Regierung schlecht, welches auch immer ihre Form sein möge. Wenn sie Aufklärung verbreitet und ein allgemeines Vertrauen auf die Rechtspflege und den Rechtsschutz, auch für die Schwachen, Platz greift, wenn die große Menge der Bürger imstande ist, ein glückliches Leben zu führen und ihre geistigen und moralischen Kräfte zu entfalten, sollte man sie nicht leichthin verdammen. Auch jene Männer sollten sich vor einem solchen Verdammungsurteil hüten, denen Erziehung und Urteil irgendeine andere Regierungsform als wünschenswert erscheinen lassen.

2. Kapitel.

Die Rechte des Volkes in Deutschland.

In Amerika herrscht die ziemlich weit verbreitete Ansicht, daß die Deutschen innerhalb ihrer eigenen Grenzen nicht eigentlich als ein freies Volk bezeichnet werden können, daß sie diejenigen Menschenrechte nicht besitzen, auf die jeder Amerikaner Anspruch zu haben glaubt. Hin und wieder beschreiben Leute, die an Schlagwörtern Freude haben, die Deutschen als „seufzend unter dem Joch des preußischen Militarismus".

Zweifellos begegnen diejenigen unter uns, die in Deutschland reisen, einem großen Maß augenscheinlicher Zufriedenheit. Die Gesichter, die uns begegnen, sind weniger sorgenvoll als diejenigen, die wir in New York zu finden gewohnt sind. Wenn wir eine Zeitlang in Deutschland leben und mit dem Volke in engere Berührung kommen, so bemerken wir, daß den Deutschen die Verehrung für ihre angestammten Fürsten im Blute liegt und daß sie mit freundlichen Gesinnungen gegenüber dem Wirken ihrer väterlichen Regierung erfüllt sind. Trotzdem herrscht in gewissen Kreisen außerhalb Deutschlands die Legende, daß die Deutschen unter einem Joch irgendwelcher Art seufzen; und Ausländer haben sich sogar zu der Behauptung hinreißen lassen, daß es ein Akt selbstloser Wohltätigkeit sein würde, sie mit Gewalt von diesem Joch zu befreien.

Kein vernünftiger Mensch wird behaupten wollen, daß alle Deutschen zufrieden sind. Aber der Durchschnittsdeutsche erscheint nicht rastloser und unzufriedener als der Durchschnittsamerikaner, der immer für Reformen irgendwelcher Art agitiert; und die große Masse der Arbeiter in Deutschland ist augenscheinlich weniger ruhelos und unzufrieden als die entsprechenden Klassen in Großbritannien. Die großartige soziale Gesetzgebung der letzten Jahrzehnte ist zum großen Teile dafür verantwortlich.

Es ist eine Tatsache, daß ungeachtet der jährlichen großen Zunahme der Bevölkerung, die sich fast auf 1 Million beläuft, und trotz der Schwierigkeit, den Lebensunterhalt für diesen Zuwachs der Bevölkerung in einem Gebiete von so begrenzter Ausdehnung zu finden, die Auswanderung aus Deutschland außerordentlich zurückgegangen ist. Dies ist um so bemerkenswerter, da die Bevölkerung, welche intelligent, gut unterrichtet und energisch ist, die Mittel zur Auswanderung besitzt, zahlreiche Verwandte und Beziehungen jenseits des Ozeans hat und also leicht nach Amerika oder sonst wohin auswandern kann. Natürlich entschließen sich auch heute noch Leute zur Auswanderung. Aber die Masse der Einwohner, welche Klagen und Beschwerden sie auch haben mag, zieht augenscheinlich das Leben in dem Vaterlande vor. Die Verhältnisse sind sehr verschieden von denjenigen anderer europäischer Länder. Die Zahl der Auswanderer aus Deutschland nach den Vereinigten Staaten hat im Verhältnis zur Gesamtziffer der Bevölkerung der betreffenden Staaten nicht den zwanzigsten Teil derjenigen aus Irland betragen.

Es gibt jedoch verschiedene Gründe, die den Amerikaner zu einer etwas falschen Vorstellung in betreff der Rechte, die der Deutsche genießt, und in betreff des Maßes seiner Zufriedenheit mit diesen Rechten verleiten könnten.

Die politischen Rechte des Amerikaners sind von denjenigen seines deutschen Nachbarn verschieden. Der Grundsatz des erblichen Rechtes erscheint dem Amerikaner seltsam, und es ist ihm unbegreiflich, daß Leute in eine gesetzgebende Körperschaft berufen und nicht gewählt werden sollten. Aber noch ein anderer Umstand erinnert einen Mann in Deutschland beständig an die Tatsache, daß er regiert wird. Das ist die großartige Organisation der Regierungsmaschine, die zu einer so ausgezeichneten Ordnung und Disziplin führt. So etwas ist nicht nach dem Geschmack des Amerikaners. Die historischen Gründe und die praktische Bedeutung der gesellschaftlichen Organisation in den deutschen Staaten drängen sich nicht ohne weiteres unserem Auge auf; um ihnen Gerechtigkeit widerfahren zu lassen, müssen wir uns mit einem ganz neuen Begriff der Rechte und Pflichten vertraut machen.

Etwas jedoch wird der Amerikaner einsehen, wenn seine Kenntnis nicht eine oberflächliche bleibt, nämlich, daß niemand ein stärkeres Bewußtsein hat von den Rechten, die ihm das Gesetz tatsächlich verbürgt, als der Deutsche. Auch ist niemand schneller bereit, das Gesetz anzurufen, wenn diese Rechte angetastet werden. Das nächstfolgende Kapitel wird sich kurz mit den Rechten der Deutschen beschäftigen.

Deutsche und amerikanische politische Rechte.

Es liegt auf der Hand, daß die politischen Rechte der Deutschen nicht identisch sind mit denjenigen, die wir Amerikaner besitzen. Als unsere Staaten entstanden, sahen sich ihre Einwohner einer ganz neuen Situation gegenüber. Der Bruch mit der Vergangenheit war vollzogen, und sie hatten ein freies Feld vor sich.

Sie waren als Kolonien an ein großes Maß von Selbstregierung gewöhnt. Sie waren verhältnismäßig neue Gemeinwesen und als solche auf ihre eigenen Hilfsquellen angewiesen. Die verschiedenen Staaten sahen sich fast denselben Problemen gegenüber, deren Lösung sie in mehr oder minder ähnlicher Weise in Angriff nahmen; dadurch erlangten sie ein großes Maß von Gleichförmigkeit. Der Bundesverfassung, die sie angenommen hatten, mußten sich die neuen Staaten anbequemen. Diese neuen Staaten hatten überdies zum großen Teil eine Bevölkerung, die von den älteren Staaten kam und von dort her ihre alten Überlieferungen mitgebracht hatte. Die Verfassungen unserer Staaten sind nicht identisch, aber sie sind mehr oder minder nach demselben Plane entworfen. Der Theorie nach sind sie durch und durch demokratisch.

Wie in dem ersten Kapitel angedeutet wurde, waren die Verhältnisse in Deutschland ganz anders gelagert, als das Deutsche Reich geboren wurde. Altbegründete Überlieferungen und Rechte wurden anerkannt und geachtet. Die deutschen Staaten sind nicht nach irgendeinem gleichförmigen Plane organisiert. Sie vollzogen nicht den Bruch mit der Vergangenheit, sondern brachten, was sie bereits besaßen, mit, als sie das Reich gründeten. Dies Reich ist in gewisser Beziehung außerordentlich tolerant. Es konnte sich Staaten angliedern, welche konservativ und aristokratisch sind, neben andern, die eine republikanische Regierungsform besitzen.

Wir sahen, daß der Bundesrat (gewissermaßen das Oberhaus des Bundes) der Träger der Souveränität der verschiedenen Staaten ist. Wenn diese Staaten liberal sind, so werden ihre Vertreter liberal sein. Wir sahen, daß der Reichstag (die untere Kammer), welcher die Kontrolle über die Reichsfinanzen hat, auf dem allgemeinen und direkten Wahlrecht beruht. Wir sahen ferner, daß das Reichsministerium zwar nicht theoretisch, aber in Wirklichkeit auf die Dauer nicht gegen den Willen dieser Kammer regieren kann.

Eine solche Verfassung würde man kaum als undemokratisch bezeichnen können; jedenfalls legt sie ein nicht geringes Maß von Macht in die Hand des Volkes. Wenn das Volk in Parteien gespalten ist, die miteinander streiten, anstatt für die allgemeine Wohlfahrt zu arbeiten, so ist das *sein* Fehler. Sie würden einen großen Einfluß besitzen, wenn sie den festen Willen hätten, ihn auszuüben. Es mag hier bemerkt werden, daß der gegenwärtige Reichstag (1915), der insgesamt 397 Mitglieder zählt, 110 Sozialdemokraten und 88 Liberale hat. Das Zentrum oder die katholische Partei hat 84 Stimmen und ist der sozialen Gesetzgebung günstig gesinnt. Die Konservativen zählen insgesamt weniger Stimmen als irgendeine der oben genannten anderen Parteien.

Die politischen Rechte des Volkes sind je nach den Staaten verschieden. Ich glaube nicht, daß jemand, der, unbehindert durch traditionellen Zwang, einen

Staat zu gründen hätte, eine Kammer ins Leben rufen würde, wie sie das kleine Großherzogtum von Sachsen-Weimar-Eisenach besitzt. Die Verfassung dieses Großherzogtums wurde im Jahre 1816 von Karl August, dem aufgeklärten Gönner Goethes, bewilligt, um im Jahre 1850 und hernach im Jahre 1906 revidiert zu werden. Der Landtag besteht aus einer Kammer von 33 Mitgliedern, von denen 5 aus der direkten Wahl der größeren Grundbesitzer, 5 aus der direkten Wahl der übrigen Höchstbesteuerten und 23 aus allgemeinen indirekten Wahlen hervorgehen. Die Kammer bewilligt das Budget. Das aktive Wahlrecht hat jeder männliche Bürger über 21 Jahre, während jeder unbescholtene Staatsbürger von 30 Jahren zum Abgeordneten wählbar ist.

Solch eine Verfassung ist ein Erbe der Vergangenheit, und wie alles, was von der Vergangenheit überliefert ist, verkörpert sie tatsächlich bestehende Interessen irgendeiner Art, die man geneigt ist, anzuerkennen. Wie unser gemeines Recht, ist sie nicht die Schöpfung reiner Überlegung, sondern historisch geworden. Sie hat ihre Wurzeln in einer früheren Zeit. Ob eine Verfassung dieser Art in ihren Leistungen befriedigt oder nicht, wird davon abhängen, in welchem Grade sie sich dem Charakter der Gesellschaft anpaßt, die unter ihr lebt, und den Gewohnheiten und der Denkart des Volkes. Der Amerikaner sollte, wenn er solche Verfassungen beurteilt, sich vergegenwärtigen, daß das deutsche Volk in der Regel an seinen Überlieferungen hängt, daß es mit Verehrung für die angestammten Fürsten erfüllt ist und von diesen Fürsten mit gebührender Rücksicht regiert zu werden erwartet.

Wo die Staaten 2 Kammern besitzen, ist die Zusammensetzung der oberen Kammer, soweit ich zu urteilen vermag, nicht demokratisch. So ist in Bayern das Oberhaus (Kammer der Reichsräte) zusammengesetzt aus den volljährigen Prinzen des Königshauses, den Kronbeamten, den beiden Bischöfen, den Häuptern der ehemals reichsständischen Fürsten und gräflichen Familien, einem vom König auf Lebenszeit ernannten Bischof, dem Präsidenten des protestantischen Oberkonsistoriums und von dem König erblich oder lebenslänglich besonders ernannten Reichsräten. Die Mitgliedschaft des unteren Hauses (Kammer der Abgeordneten) beruht dagegen auf dem Grundsatz des allgemeinen Stimmrechtes. Die beiden Kammern werden alle zwei Jahre zusammenberufen und müssen das Budget bewilligen. Keine Gesetze, die Freiheit und Eigentum der Bürger betreffen, können ohne ihre Zustimmung erlassen werden. Wie in Bayern, so beruht auch in Preußen die Wahl des Oberhauses (Herrenhaus) nicht auf dem Wahlrecht des Volkes. Die Mitglieder des Unterhauses (Haus der Abgeordneten) werden zwar gewählt, aber diese Wahl ist mittelbar und geschieht mittels der Wahlmänner (Urwahlen) und mittels Wahl der Abgeordneten durch die Wahlmänner. Die Urwahlen zerfallen nach Maßgabe der von ihnen zu entrichtenden direkten Steuern in drei Abteilungen. Da die Steuerzahler der ersten Abteilung naturgemäß einen kleineren Kreis bilden als die der zweiten oder gar der dritten Abteilung, so sind mit dem Besitz ohne weiteres gewisse verfassungsmäßige Vorrechte gegeben. Bevor irgendeine Maßnahme Gesetzeskraft erlangen kann, muß sie die Einwilligung des Königs und beider Kammern erhalten.

Die Kammern üben die Kontrolle über die Finanzen aus. Zunächst berät die Kammer der Abgeordneten das Budget, letzteres kann dann in seiner Gesamtheit durch das Herrenhaus angenommen oder abgelehnt werden.

Aus den wenigen Beispielen, die ich angegeben habe, wird sich ergeben, daß die politischen Rechte der Deutschen nicht identisch sind mit den unsrigen. Nichtsdestoweniger sollte man sich darüber klar sein, daß die ersteren wirklich bedeutende politische Rechte besitzen. Der Bürger kontrolliert letzten Endes die Finanzen, sowohl der Einzelstaaten als des Reiches, und bekanntlich ist das Geld der nervus rerum, sowohl des Friedens als auch des Krieges.

Im Verfassungsleben Deutschlands gehen Veränderungen vor sich, und der Einfluß des demokratischen Elementes macht sich mehr und mehr fühlbar. Es ist nicht meine Absicht, länger bei diesem Punkte zu verweilen. Es kam mir aber darauf an, die konservativen, traditionellen und aristokratischen Elemente im deutschen Verfassungsleben nachdrücklich zu betonen, um einen ganz eigenartigen Umstand darzulegen. Wie mir nach und nach das Wirken der Regierungen der einzelnen deutschen Staaten etwas verständlicher geworden ist, hat mich die Sache in hohem Maße interessiert, und es scheint mir der Mühe wert, die Aufmerksamkeit meiner Landsleute darauf hinzulenken. Die folgenden Abschnitte dieses Kapitels werden sich damit beschäftigen.

Die Regierung für das Volk.

Wir Amerikaner gefallen uns darin, hervorzuheben, daß eine Regierung aus dem Volke hervorgehen müsse, durch das Volk geübt werden und für das Volk existieren müsse. Unser Wahlrecht gibt uns wenigstens theoretisch eine Regierung, die vom Volke gewählt ist. Die Erfahrung hat uns gelehrt, daß es keine leichte Sache ist, sich eine Regierung zu sichern, die von wirklich aufgeklärten und selbstlosen Männern geführt wird. Unsere Anstrengungen sind dahin gerichtet, dieses Ziel zu erreichen. Was die Schwierigkeiten angeht, sich eine Regierung zu sichern, die für das Volk arbeitet, ein gewisses Maß von Wohlfahrt allen Klassen verbürgt und die räuberischen Volksgenossen abhält, ihre Nachbarn zu plündern, so brauche ich darüber kaum zu sprechen. Unter mancherlei Regierungsformen kann der Reiche bedenklich reich und mächtig werden, während der Arme mit leerer Tasche abzieht. Dennoch vertrauen wir als gute Amerikaner sowohl auf die Demokratie im allgemeinen als auch im besonderen auf diejenige Form der Demokratie, deren wir uns erfreuen.

Es sei ferne von mir, etwas gegen die Regierungsform zu sagen, unter der ich erzogen bin, die ich verehre und deren Nachteile mir mehr äußerlich und zufällig als innerlich und wesentlich erscheinen. Dennoch glaube ich, daß eine Nation ihre Vergangenheit nicht unbestraft abstreifen kann, ebensowenig wie sich ein Mann mit Recht und unbestraft seiner Familie entledigen kann; und erst nach und nach habe ich einsehen gelernt, daß eine Regierung, von der der Durchschnittsamerikaner nicht ohne weiteres behaupten würde, daß sie vom Volke gewählt und durch das Volk ausgeübt würde, dennoch ohne allen Zweifel für das Volk dasein kann, nicht für eine Kaste oder eine Klasse, noch auch für wenige, sondern für das Volk als solches, mit Einschluß der Armen, der Schwachen, der Unmündigen. Männer, die lange das volkstümliche Vorurteil gegen die traditionelle Schwiegermutter genährt haben, haben schließlich wohl gestehen müssen, daß in besonderen Fällen die Inhaberin der besagten Würde sowohl eine gute Frau als auch ein angenehmer Kamerad sein kann.

Diejenigen, die Deutschland gut genug kennen, müssen zugeben, daß die deutsche Regierung eine Regierung *für* das Volk, daß sie gerecht und wohlwollend ist.

Es sei mir gestattet, beiläufig zu bemerken, daß, während ich diese Zeilen hier in München während der Kriegszeit schreibe, das Brot, das ich esse, zum Teil aus Weizen- und zum Teil aus Roggenmehl besteht. Die Reichsregierung hat Vorkehrungen getroffen, daß allen Klassen der Bevölkerung bis zur nächsten Ernte ein auskömmliches Maß von Nahrung gesichert ist. Die Menge des Brotes, das ich kaufen darf, ist gesetzlich bestimmt, ebenso die Menge des Mehles. Ich unterwerfe mich solchen Bestimmungen nicht nur bereitwillig, sondern, da ich mich für Sozialreform interessiere, mit Stolz und Freude. Der Kaiser ißt dasselbe Brot. Der höchste Beamte in Bayern, ob Bürger oder Militär, ist in seinem Einkauf beschränkt, wie ich. Mir ist ebensoviel zugewiesen wie meiner Köchin. Wenn man weiß, daß alle gleichmäßig behandelt werden, so sind kleine Entbehrungen nicht länger eine Last. Niemand beutet mich aus, Nahrungsmittelwucher ist verboten. Jedes Opfer, das ich bringe, hört auf, ein Opfer zu sein, weil es eine Leitung für das allgemeine Wohl ist. Ich muß mich meinem Thema wieder zuwenden, das ich hier indessen nur kurz behandeln kann.

Das Volk und die Rechtspflege.

Eines der besten Anzeichen dafür, daß irgendeine Regierung die Interessen des Volkes wahrnimmt, ist der unerschütterliche Glaube des Volkes selbst an die Gerechtigkeit der Gerichte, die es zur Verteidigung seiner Rechte anruft. Ein nicht minder bedeutungsvolles Anzeichen ist es, wenn die Möglichkeit, zum Gerichte zu gehen, allen Klassen, selbst den Ärmsten, erleichtert wird. Die Deutschen sind schnell bei der Hand, das Gericht anzurufen, denn es wird ihnen leicht gemacht, und die Kosten sind verhältnismäßig gering. Der Rechtsanwalt kann nicht ein beliebiges Honorar fordern, denn die Honorarfrage ist durch das Gesetz geregelt, und gewisse Klassen der Bevölkerung haben überhaupt nichts zu bezahlen.

Was die unparteiische Rechtspflege in dem Lande angeht, das bisweilen als bureaukratisch geschildert wird, so erscheint es mir der Mühe wert, die Meinung eines sozialistischen Ansichten zuneigenden Radikalen anzuführen, der ein Gelehrter von Ruf ist und mit der Regierung bei gewissen Schritten, die er als Reformer zu unternehmen für seine Pflicht hielt, in Konflikt kam. Vor einigen Jahren frug ich ihn — ich hatte einen ganz bestimmten Fall im Auge —, ob ein Staatsbeamter vor Gericht einem Privatmann gegenüber im Vorteil wäre, wenn beide als Prozeßparteien erschienen. Er antwortete, es wäre dies kaum denkbar, besonders wenn der Beamte als Privatperson in der Rolle des Klägers oder Beklagten erscheinen würde. Ich machte die Beobachtung, daß die Leute von dem bescheidensten Dienstmädchen an Vertrauen zur Rechtspflege haben und ohne viel Bedenken ihre berechtigten oder unberechtigten Klagen beim Gerichte vorbringen. Bisweilen ist der Grund ihrer Klage nicht stichhaltig. Aber sie setzen es wenigstens durch, daß ihre Sache verhört wird. Armut braucht einen Dienstboten nicht abzuhalten, eine Klage gegen einen Brotherrn anzustrengen, denn der Dienstbote hat Anspruch auf das sog. Armenrecht, d. h. er kann seinen Prozeß durchführen, ohne daß ihm Kosten daraus erwachsen. Hätte ich einen Streitfall mit einem meiner Dienstboten, so würde ich im allgemeinen an dem gerechten Austrag der Sache nicht zweifeln. Wäre aber irgendeine Parteilichkeit vorhanden, so würde sie vermutlich eher zugunsten des Dienstboten als zu meinem Vorteil geübt werden.

Die Existenzfrage, wie sie genannt wird, das Problem, einen Lebensunterhalt zu erwerben, erhebt sich in Deutschland drohend am Horizonte und erheischt öffentliche Aufmerksamkeit. Es hat zu dem umfassenden System der sozialen Gesetzgebung geführt, das für Deutschland charakteristisch ist.

Das Recht auf Lebensunterhalt.

Die Bevölkerung ist in Deutschland viel dichter als in den Vereinigten Staaten. Gewöhnlich haben die Leute sich viel gründlicher vorzubereiten und länger zu warten, bevor sie selbständig werden. Die Amerikaner sind erstaunt über die große Anzahl berufsmäßig wohl vorgebildeter Männer, die auf alle möglichen Stellungen, von denen viele nach amerikanischem Begriff außerordentlich gering bezahlt werden, zu warten haben. Das ist nicht bloß der Fall bei Stellen, welche die Regierung zu vergeben hat, sondern auch anderswo zu beobachten. Diese Verhältnisse führen zweifellos zu einer sorgfältigen Auswahl der gründlich vorgebildeten

Leute bei der Besetzung der fraglichen Stellen. Aber man sieht daraus, daß das Problem, seinen Lebensunterhalt zu erwerben, in Deutschland, wie überhaupt in Europa, ein schwieriges ist. Aufmerksamkeit und ernstes Denken müssen, wenn anders schwere Unzuträglichkeiten vermieden werden sollen, an der Lösung mitarbeiten, und man kann sagen, daß es daran in Deutschland nicht gefehlt hat.

In allen Teilen Deutschlands ist das Gefühl vorherrschend, daß ein Mann nicht leichtherzig oder plötzlich seiner Mittel, einen Lebensunterhalt zu erwerben, beraubt werden sollte. Arbeitgeber, ob es sich nun um den Staat, Privatverbände oder Individuen handelt, haben sich ihren Arbeitern gegenüber Verpflichtungen auferlegt, die denjenigen, die an das System nicht gewöhnt sind, lästig erscheinen müssen. Man ist eifrig bemüht, überall möglichst dauernde Stellen zu schaffen und die Rechte derjenigen, die diese Stellen einnehmen, genau zu bestimmen. Soweit die sehr große Zahl von Staatsbeamten — das Wort im weitesten Sinne genommen — oder von Gemeindebeamten, z. B. Eisenbahner, Trambahnbedienstete usw., in Frage kommt, sind ihre Dienstverhältnisse bis ins kleinste geregelt. Auch solche, die in einem privaten Dienstverhältnis stehen, sind nicht übersehen worden. Auch wir in Amerika kennen natürlich ähnliche gesetzliche Bestimmungen; aber in keinem Lande hat die Gesetzgebung einen solchen Grad von Vollkommenheit erreicht wie bei den Deutschen. Wenn ich zum Beispiel hier in Bayern ein Dienstmädchen los sein möchte, so muß ich ihr bereits am oder vor dem 15. des Monats für den 1. des folgenden Monats kündigen. Ich muß ihr in den beiden ausstehenden

Wochen eine gewisse Anzahl von Ausgängen erlauben, um sich nach einem andern Platze umzusehen. Wenn ich mit meiner Kündigung bis zum 16. warte, so muß ich den unbequemen Dienstboten noch 6 Wochen länger behalten. Sollte ich es vorziehen, mich ihrer unter allen Umständen zu entledigen, so muß ich ihr nicht bloß ihren Lohn zahlen, sondern auch einen gewissen Betrag für Kost und Logis bis zu dem gesetzmäßigen Datum der Kündigung. Solche gesetzlichen Vorkehrungen können natürlich dem Arbeitgeber leicht unangenehm werden. Nicht alle Angestellten verdienen ein solches Maß von Berücksichtigung. Aber es ist sicher besser, daß wir wirtschaftlich besser Gestellten diese oder jene Unbequemlichkeit auf uns nehmen, als daß diejenigen, die für tägliches Brot zu arbeiten haben, Gefahr laufen, ins Elend zu geraten. Die relative Dauerhaftigkeit einer Stellung, die überall in Deutschland zu beobachten ist, setzt den Amerikaner in Erstaunen. Er ist noch mehr erstaunt, wenn er sieht, daß die Anzahl der Stellesuchenden die Neubesetzung eines leeren Postens durchaus nicht schwierig macht. Bei gewissen höheren Beamtenstellen, z. B. in öffentlichen Bibliotheken und Universitäten, kann der Inhaber nur durch ein Gerichtsverfahren entsetzt werden.

Die Organisation der Gesellschaft in Deutschland hat zu einer großartigen Ausdehnung des Pensionssystems (Versicherungswesens) geführt. Ein Mann ist durch Alterspensionen sichergestellt, und im Falle seines Todes empfängt seine Familie Unterstützung. Das System der Pensionen kann, wie wir Amerikaner nur zu gut wissen, zu einem ernsten Mißstande werden; aber richtig geregelt, kann es unschätzbaren Segen stiften. Der Deutsche, der eine Pension empfängt, ob er nun ein Trambahnschaffner oder ein Universitätsprofessor ist, hat durchaus nicht das Gefühl, daß er eine Wohltat annimmt. Die Pension wird betrachtet als ein Teil der Entlohnung für die geleistete Arbeit und die Pension ist in der Regel um so höher, je länger der Dienst war. Wenn die Leute während ihrer Dienstzeit sicher sind, daß ihre Familien bei Todesfall oder Arbeitsunfähigkeit nicht ins Elend geraten, sind sie eher gewillt, bei einem verhältnismäßig geringen Einkommen ihren Dienst zufrieden zu verrichten, und es verdient hervorgehoben zu werden, daß das ganze System dazu beiträgt, Ehrlichkeit und Treue im Dienste zu fördern. Die Ehrlichkeit der deutschen Beamten aller Schattierungen, von denen manche ein überraschend kleines Gehalt empfangen, ist durchschnittlich sehr hoch.

Die soziale Gesetzgebung für Arbeiter.

Im Jahre 1883 nahm der Reichstag in Übereinstimmung mit der Politik, wie sie vom Kaiser in seiner Thronrede im Jahre 1881 angekündigt war, ein Gesetz an, das den Versicherungszwang gegen Krankheit, Unfall und Invalidität für industrielle Arbeiter einführt. Die Gesetzgebung, die damit in Angriff genommen wurde, ist seitdem weiter ausgebaut worden. Gegenwärtig herrscht in den deutschen Staaten ein umfassendes Versicherungssystem gegen Krankheit, Alter, Invalidität und Unfall. Viele Klassen der Bevölkerung sind dadurch sichergestellt. Unter denjenigen, die beispielsweise die Wohltaten der Gesetzgebung genießen, die uns gegen Alter und Invalidität schützt, jene Feinde, die uns alle bedrohen, befinden sich häusliche Dienstboten, Handwerker, Wäscherinnen, Näherinnen, Haushälterinnen, Aufseher,

Tagelöhner und Gesellen. Dasselbe Recht genießen Lehrer in Privatschulen, Musiklehrer, Angestellte in Kaufhäusern, vorausgesetzt, daß ihre jährlichen Einkünfte eine gewisse Summe nicht überschreiten. Bei der zuletzt genannten Klasse liegt ein Versicherungszwang nicht vor, die Teilnahme ist freiwillig. Wo die Versicherung obligatorisch ist, wird der Beitrag zum Teil von dem Arbeitgeber, zum Teil von dem Angestellten bezahlt, wenigstens ist dies die gesetzliche Bestimmung; doch ist es namentlich bei Dienstboten nicht ungewöhnlich, daß der Dienstherr den ganzen Beitrag bezahlt. Ihm fällt die Pflicht ob, darauf zu achten, daß die gesetzlichen Bestimmungen erfüllt werden.

Es ist kaum zu viel gesagt, daß es tatsächlich nur wenige Deutsche gibt, die der gesetzlichen Fürsorge in gewissen Grenzen entbehren, wenn sie unfähig sind, sich selbst zu ernähren. Die Unterstützung, die sie empfangen, mag sehr gering sein, und es mag außerordentlich wünschenswert erscheinen, daß die gesetzliche Hilfe durch die private Wohltätigkeit ergänzt wird. Aber sie sind wenigstens davor bewahrt, in die Klasse der Verlorenen zu versinken. Und da jeder der Aufsicht untersteht und Papiere irgendwelcher Art besitzt, so ist man in der Lage, über diejenigen Fälle, in denen Beistand nötig erscheint, Bescheid zu wissen. Die Gesetze, die den Versicherungszwang der Arbeiterklassen regeln, haben viel dazu beigetragen, Verarmung und Verbrechen zu verringern. Bettelei wird bekämpft und ist auf ein Minimum reduziert.

Es ist zweifellos leichter, sich eines Bettlers durch eine kleine Geldgabe zu entledigen, als sich Zeit und Mühe zu nehmen, seinen Anspruch auf Mildtätigkeit zu prüfen. Die Deutschen — wie die Amerikaner — erliegen dieser Schwäche und ermutigen dadurch die Betrüger. Aber nach meiner Erfahrung leiden die Amerikaner, die sich in Deutschland aufhalten, am meisten unter den sog. Konsulatsschwindlern. Es sind dies Leute, die mit der Angabe hausieren gehen, daß sie Untertanen dieses oder jenes fremden Staates sind, sich augenblicklich im Unglück befinden und deshalb Anspruch auf das Mitgefühl ihrer angeblichen Landsleute zu haben glauben. Vor einiger Zeit unterhielt ich mich mit drei anderen Amerikanern. Zufällig berührte ich einen Fall, der mein Mitgefühl erregte und mich zu einer kleinen Hilfeleistung veranlaßt hatte. Ich machte dabei die Entdeckung, daß alle drei ebenso wie ich angeführt worden waren. Der Erste hatte dem Manne Geld für ein Billett nach Nürnberg gegeben, der Zweite hatte die Reise nach Innsbruck bezahlt, und der Dritte hatte ihm auf seinem Wege nach Stuttgart weitergeholfen. „Als amerikanischer Staatsbürger, der vorübergehend in Not geraten war“, hatte er keine Papiere. Aber er hatte eine glaubwürdige Zunge und ein wehes Bein, das er nicht ohne Wirkung vorzeigte. Amerikaner dieser Art sprechen Englisch gewöhnlich mit einem fremden Akzent. Aber sie sind beharrlich in ihren Ansprüchen. In München, wo man ebensowenig wie im übrigen Deutschland eine Menschenklasse unbeaufsichtigt läßt, hat man einen Beamten mit dem Titel „Polizeibeamter für Konsulatsschwindler“ ernannt. An diesen Beamten wandte ich mich, nachdem ich mich persönlich bemüht hatte, die drei letzten Fälle, in denen ich um Hilfe angegangen wurde, zu prüfen. Jedesmal hatte man mir eine falsche Adresse angegeben.

Deutschland ist kein Paradies für einen Vagabunden. Aber der arme Mann wird unter normalen Umständen sich nicht selbst überlassen. Ein Teil der Unterstützung, die der Staat den unteren Klassen gewährt, besteht darin, daß die ordnungsgemäß Versicherten ärztliche Behandlung gratis haben. Besonders in den letzten Jahren sind ernste Anstrengungen gemacht worden, Gesundheit und Wohlergehen der Arbeiter, solange sie noch ihren Dienst verrichten können, zu schützen. Wir in Amerika kennen das System der Fabrikinspektion und die Beschränkung der Arbeitszeit; aber in Deutschland ist das Problem, das Leben des Arbeiters erträglich und hygienisch zu gestalten, mit charakteristischer Gründlichkeit gelöst worden. Niemand und nichts scheint der Inspektion durch einen Beamten zu entgehen. Diejenigen unter uns, die mit der sozialen Gesetzgebung, die ich hier erörtere, nichts zu tun haben, sind gewöhnt, sich selbst zu treiben, und tun dies vielleicht in einer Weise, wie ein Arbeitgeber seine Angestellten nicht treiben darf. Es erscheint dies gerecht. Derjenige, der sich treibt, tut das zu seinem eigenen Vorteil. Derjenige aber, der von einem anderen getrieben wird, arbeitet für den Gewinn eines anderen, nicht für seinen eigenen. Gegen solch eine Ausbeutung durch unsere Mitmenschen erhebt das deutsche Gesetz Einspruch.

Die Besteuerung des Volkes in Deutschland.

Das wenig geschätzte Vorrecht, Steuer zu zahlen, ist den Menschen aller Nationen gemein. Aber das Prinzip, nach dem die Steuern erhoben werden, ist keineswegs überall das gleiche. In einem Lande lasten die Steuern sehr auf den Armen, in einem andern Lande werden diejenigen, die wenig besitzen, nachsichtig behandelt.

In Deutschland bezieht die Bundesregierung ihr Einkommen teils aus Zöllen, Abgaben, Erbschaftssteuern, den Erträgnissen des Post- und Telegraphendienstes usw. und teils aus den Beiträgen, die von den einzelnen Bundesstaaten zur Besteuerung der gemeinsamen Ausgaben aufzubringen sind. In den verschiedenen Staaten sind die Grundsätze der Besteuerung mehr oder minder dieselben. Ein einziges Beispiel mag den Geist dieser Grundsätze veranschaulichen. Ich wähle Bayern, weil das Königreich kürzlich sein Steuersystem reformiert hat und dabei ausdrücklich die Erfahrungen der anderen Staaten sich zunutze zu machen bestrebt war. Wer die bayerischen Steuergesetze von Anfang bis zu Ende studiert, kann sich des Eindruckes nicht erwehren, daß es die augenscheinliche Absicht des Gesetzgebers war, die Steuerlast für die Armen möglichst erträglich zu gestalten und die schwerste Bürde auf die stärkeren Schultern zu legen. Ein Umstand scheint dieser Schlußfolgerung zu widersprechen. Sehr kleine Einkommen sind besteuert, und diejenige Klasse der Bevölkerung, die in Amerika überhaupt keine Steuern bezahlt, hat in Bayern einen kleinen Beitrag zu den Steuerlasten zu leisten. Aber diese Vorkehrung ist absichtlich getroffen worden im Interesse der Selbstachtung derjenigen, die nur geringe Mittel haben, und um zu verhüten, die letztern mit Almosenempfängern, Gemeinschuldnern und anderen Leuten, die man wohl behandelt, als ob sie dem Staate nichts schuldeten, in einen Topf zu werfen. Bemerkenswert ist, daß die Partei der Sozialdemokraten, die ja die Sache des armen Mannes besonders vertreten, am beharrlichsten auf der Besteuerung der geringen Einkünfte bestand.

Das bayerische Steuersystem beruht hauptsächlich auf der Besteuerung der Einkommen. Das aus der Arbeit fließende jährliche Einkommen wird niedriger besteuert als das Einkommen aus Kapitalanlagen. Es ist dies entschieden eine Begünstigung der Nichtkapitalisten, und die Besteuerung der Einkommen, gleichviel ob sie aus Erwerb oder Kapitalanlagen fließen, ist progressiv. Wie ich den kleinen Band umblättere, der die Steuergesetzgebung für das Königreich im Jahre 1910 enthält, finde ich einen Tarif für die Steuerberechnung, der 211 Klassen umfaßt mit einem Nachtrage, der die Richtlinien für die progressiv wachsende Besteuerung der sehr reichen Einkommen enthält. Die Armen bezahlen eine Steuer, die kaum in Betracht kommt. Der geringste Einkommensteuersatz beträgt 2 Mark, wozu noch ebensoviel an Kreisumlage und Gemeindesteuer kommt. Außerdem gibt es Bestimmungen für die Entlastung derjenigen, die, ohne gerade sehr arm zu sein, besonderen Anspruch auf Steuererleichterung zu haben scheinen. Beispielsweise zahlen die Eltern, die eine kinderreiche Familie besitzen, weniger Steuern als ein Paar, das sich einer einsamen Bequemlichkeit erfreut.

Direkte Steuern machen wohl niemand Vergnügen. Wer bezahlt, fühlt nur zu deutlich den Steuerdruck, der auf ihm lastet. Nichtsdestoweniger muß der Menschenfreund, der sich klar macht, daß ein Mann, der die Wirkung der Besteuerung täglich fühlt, ohne klar zu begreifen, daß das, was ihn drückt, tatsächlich das Resultat der Besteuerung ist, irgendein System willkommen heißen, welches die Verpflichtung, den Staat zu unterhalten, hauptsächlich auf jene Schultern legt, welche die Last tragen können, ein System, das davon absieht, durch indirekte Besteuerung die Preise für die notwendigen Lebensmittel bis zu einem Grade zu erhöhen, daß sie für einen beträchtlichen Teil der Bevölkerung fast unerschwinglich sind. Wer Italien kennt, weiß, wie durch die indirekte Besteuerung die Preise für jene Lebensmittel erhöht werden, ohne die die Masse der Bevölkerung kaum auszukommen vermag. Die indirekte Besteuerung in Deutschland scheint von der großen Masse nicht schmerzlich empfunden zu werden.

Es ist nicht meine Absicht, irgendwelche oder gar alle Maßnahmen zu empfehlen, welche die deutschen Staaten durchgeführt haben, um die Ausgaben ihrer Regierungen zu bestreiten. Die Besteuerung ist eine Wissenschaft für sich selbst, und der Laie hat nur ein geringes Recht, seine Meinung zum Ausdruck zu bringen. Aber es hat mich, als Amerikaner mit lebhafter Wißbegierde, interessiert, auf diesem Gebiete wie auch auf dem Gebiete der oben erörterten sozialen Gesetzgebung eine Regierungsform zu erkennen, die ein Amerikaner nicht als demokratisch bezeichnen würde und die, obgleich sie gewisse Elemente enthält, die einer vom Volke gewählten und durch das Volk geübten Regierung fremd sind, trotzdem ihre gesetzgeberischen Maßnahmen im Interesse des Volkes übt. Regierungen dieser Art haben einen allumfassenden, väterlichen Zug. Sie sind von einem gewissen Geiste der Billigkeit durchdrungen und scheinen vor allem dem Grundsatz zu folgen, daß die Masse der Bürger ein Recht hat auf eine erträgliche Existenz und nicht ausgebeutet werden darf von irgendeiner Klasse. Eine solche Regierung als Klassenregiment zu bezeichnen, ist absurd. Ob sie nun ein eigentliches Recht auf den Titel besitzt oder nicht, tatsächlich ist sie eine Regierung für das Volk.

Deutsche Rechte und amerikanische Eindrücke.

Ich habe oben angedeutet, daß der Amerikaner sich der Tatsache, regiert zu werden, in Deutschland mehr bewußt wird als in seinem eigenen Lande. Er bemerkt häufig genug die Aufschrift „Polizeilich verboten“, und es dauert einige Zeit, bis er entdeckt, daß das Wort „polizeilich“ etwas anderes meint als bei uns, daß es die ganze Maschinerie umfaßt, die den Schutz der Arbeiter, die Fabrikinspektion usw. in sich schließt, und sich selbst auf die Reinigung der Straßen einer Stadt erstreckt.

Gewiß, der Amerikaner ist erstaunt über die Anzahl von Dingen, die verboten werden. Nicht nur wird seinem Nachbar verboten, etwas zu tun, was ihm unangenehm ist, auch ihm selbst wird verboten, sich mit persönlicher Gefahr auf Wege zu begeben, die der Mutige und Unabhängige sich nicht gern verschließen läßt. Man sorgt für die Sicherheit des Bürgers, aber es ist nicht jedermanns Sache, daß er andere für sich sorgen läßt.

Überdies ist, wie wir gesehen haben, in Deutschland ein Mann als Hüter seines Bruders bestellt. Wenn er ein Arbeitgeber ist, so wird ihm eine väterliche Haltung zur Pflicht gemacht, die freilich manche amerikanischen Arbeitgeber, ob sie nun Einzelpersonen oder Korporationen sind, freiwillig auf sich nehmen, die aber nicht alle unterschiedslos zu üben genötigt sind. Die Verpflichtung ist manchem widerwärtig. Wenn ein Amerikaner in Deutschland einen eigenen Haushalt führt, so kommt ihm bald zum Bewußtsein, daß seine Dienstboten bestimmte Rechte besitzen, die sie sich nicht selbst angemaßt haben, sondern die ihnen entweder durch Gesetze oder durch ein Gewohnheitsrecht, dem eine ähnliche Kraft innewohnt, gesichert werden. Er vergißt, die Invalidenmarken aufzukleben, die das Gesetz vorschreibt. Er vergißt auch die vielen Feiertage, die in den meisten deutschen Bundesstaaten beobachtet werden, und er hat viele Scherereien. Indessen hat alles seine zwei Seiten; ich fand dies heraus, als meine Köchin verrückt wurde. Der Besitz eines kleinen Papierstreifens mit dem Zeugnis, daß sie ordnungsgemäß versichert war, machte es mir möglich, zu telephonieren und sie durch geeignete Beamte nach der psychiatrischen Klinik überführen zu lassen, wo sie unter die Obhut des berühmten Kraepelin kam und eine Behandlung erfuhr, wie sie einer wohlhabenden Frau kaum besser hätte zuteil werden können. Sie wurde nicht wie eine Almosenempfängerin behandelt, und mir wurden Mühe und Kosten erspart. Ich hatte meine Pflicht getan, und das übrige tat die Regierung. Die Verantwortung für andere, die in Deutschland auf die Schultern der Besitzenden gelegt wird, empfindet der Amerikaner als weniger unbequem, wenn er sich über die Bedeutung klar wird. Aber er wird schwerlich ohne weiteres einsehen, daß er gegen die Zugeherin, die täglich in sein Haus kommt, andere Verpflichtungen hat als sie zu bezahlen und sie anständig zu behandeln.

Auf gewisse Rechte wird in Deutschland ein Gewicht gelegt, die denjenigen, die in anderen Ländern aufgewachsen sind, seltsam und ungewöhnlich erscheinen müssen. Wir sind für den freien Wettbewerb im Geschäft. Das ist man auch in Deutschland. Aber der Deutsche betrachtet eine gewisse Art von Wettbewerb als unbillig, und es geht ihm durchaus nicht wider den Strich, wenn Gesetze gegen solchen unlautern Wettbewerb erlassen werden. So darf man beispielsweise nicht einen Ausverkauf wegen Geschäftsaufgabe anzeigen, um den Profit einzuheimsen, ohne tatsächlich das Geschäft zu schließen. Der Deutsche besteht auf dem Recht nicht nur des freien Wettbewerbes sondern auch anständiger Bedingungen dieses Wettbewerbes.

Auf der anderen Seite scheint es selbstverständlich, daß auch der Arme ein gewisses Recht auf Selbstachtung hat. Man darf einen Menschen nicht ungestraft beschimpfen, selbst wenn er auf der untersten sozialen Stufenleiter steht. Übrigens ist man auch darauf bedacht, rein private Angelegenheiten vor unbefugten Eingriffen zu schützen. Es ist strafbar, beleidigende Gerüchte über einen Nachbarn zu verbreiten, selbst wenn diese Gerüchte auf Wahrheit beruhen. Das Recht auf Diskretion in Privatangelegenheiten wird in gewissen Fällen selbst der Regierung gegenüber sorgfältig bewahrt. Die Bank, die meine Geldangelegenheiten ordnet, darf darüber selbst der Steuerbehörde keine Information erteilen. Für alle Beamten der Bank gilt das Gebot der Schweigepflicht. Für diese eigenartige Vorkehrung sind offenbar wirtschaftliche Gründe maßgebend.

Wem gehorcht der Deutsche?

Je mehr der Amerikaner in die Regierungsmaschine Deutschlands hineinblickt, desto mehr erstaunt er über die Tatsache, daß der Deutsche, der sich sicher über den

Mangel an Regierung nicht zu beklagen hat, nur in seinem eigenen Interesse regiert wird. Das Leben ist erträglich für alle Klassen der Bevölkerung, nicht bloß für den Hochgeborenen und den Reichen. Der Offizier, dessen Stand freilich ein sehr geachteter ist, wird nach unseren Begriffen schlecht bezahlt. Er hat häufig hart zu arbeiten und sich der staatlichen Autorität wie jeder andere Bürger unterzuordnen. Alle müssen Gehorsam lernen, alle haben ihre Lasten zu tragen. Der Deutsche gehört zum Staat, und seine staatsbürgerliche Erziehung lehrt ihn, daß er dem Staate etwas schuldig ist und umgekehrt der Staat auch ihm viel verdankt. Er besteht auf seinen Rechten, und unter den Begriff des Rechts fallen in Deutschland manche Dinge, die in anderen Ländern als Wohltaten gelten.

Wem gehorcht der Deutsche letzten Endes? Auf diese Frage kann ich nur die Antwort geben: er gehorcht dem Staate. Wenn er einem Individuum gehorcht, so gehorcht er ihm nur als Repräsentanten des Staates. Die ganze komplizierte Maschine ist nicht im Interesse bestimmter Individuen oder Klassen in Betrieb gesetzt, obgleich, wie wir gesehen haben, überlieferte Rechte durch den Entwicklungsprozeß, den die deutsche Nation durchlaufen hat, nicht über Bord geworfen wurden. Die Deutschen haben experimentiert, wie das auch bei uns der Fall war. Ihre natürliche Veranlagung neigte zum Fortschritt, hielt sich indessen von revolutionären Umwälzungen ferne. Es ist seltsam genug, daß die weitreichenden sozialen Reformen, die oben erörtert wurden, ihren ersten Impuls von einem Kaiser empfangen haben, um sich hernach der wirksamen Unterstützung der sozialdemokratischen Partei zu erfreuen. Welche Bedeutung den aristokratischen und konservativen Elementen innerhalb der Regierung der deutschen Staaten auch zukommen mag, sie waren weder unvereinbar mit der Einführung sozialer Reformen, noch haben sie die Überzeugung des Deutschen erschüttert, daß seine Regierung für das Volk und seine Interessen da ist. Eine willkürliche Ausübung seiner Gewalt würde sicherlich den Unwillen gegen einen deutschen Beamten entfesseln.

Amerikaner, die Deutschland genauer kennen lernten, haben mir oft gesagt, die deutsche Regierung, was immer ihre Verfassung sein mag, hat den Sozialisten ihren Donner geraubt. Es ist vielleicht nicht praktisch, ein Wort zu gebrauchen, das für manche Personen einen unangenehmen Beigeschmack hat. Aber man sollte sich gegen die Wahrheit nicht verschließen, daß der vielbesprochene willfährige Gehorsam des Deutschen gegenüber den anerkannten Autoritäten seine Wurzeln in der Überzeugung hat, daß es sich nicht um einen Gehorsam gegenüber einer willkürlichen Gewalt handelt, sondern daß er sich vor dem Staate beugt, der für seine Interessen arbeitet und von dem er selbst, wie ihm sein Gefühl sagt, ein Teil ist.

Ergebnis.

Wir sehen, daß der deutsche Bürger unter einer Bundesregierung lebt, die nicht so gar verschieden von unserer eigenen ist, daß ihm von dieser Bundesregierung bedeutsame politische Rechte und eine Menge von Privatrechten verbürgt werden, in welchem Staate Deutschlands er auch seinen Wohnsitz haben mag. Die vermeintliche unumschränkte Gewalt des Kaisers ist eine Chimäre. Wir haben außerdem gesehen, daß die verschiedenen deutschen Staaten, welche überlieferten konservativen Elemente ihre Verfassung auch enthalten mag, ihren Bürgern politische Rechte von außerordentlicher Wichtigkeit verbürgen, daß die Rechtspflege unbestechlich ist, daß die Beamten überraschend ehrlich sind und daß die Privatrechte der deutschen Bürger sicheren Schutz genießen. Die soziale Gesetzgebung für die Arbeiter ist vortrefflich organisiert, und ihre Grenzen sind möglichst weit gezogen. Man bemüht sich, dem armen Manne die Last ungerechter und übertriebener Besteuerung zu ersparen. Kurzum, Deutschland von heutzutage ist nicht das Deutschland, welches Karl Schurz und gleichgesinnte Männer verließen, um sich anderswo eine Zuflucht zu suchen. Leute dieser Art bleiben jetzt zu Hause. Ein deutscher Gelehrter, der von ähnlichen Gesinnungen wie Karl Schurz erfüllt war, bemerkte mir gegenüber kürzlich: Es ist um so schwieriger, Reformen einzuführen, da die deutsche Regierung nicht schlecht ist und die Mehrzahl der Leute nicht unter heftigen und drückenden Mißständen leidet.

Unter diesen Verhältnissen ist es absurd, zu behaupten, daß das deutsche Volk unter einem Joch irgendwelcher Art seufze. Solange Leben und Wachstum in einer Nation vorhanden sind, wird Unzufriedenheit und eine Neigung zur Einführung von Reformen bestehen. Und es ist gut, daß es so ist. Wir Amerikaner haben, und nicht zu unserem Nachteil, denselben Geist. Wir sind niemals zufrieden; es ist gut so. Dasselbe gilt von den Deutschen. Aber irgendwelche Reformen, die sie einführen, werden wahrscheinlich nicht unbeeinflußt sein von ihren Überlieferungen und der tatsächlichen Lage, in der sie sich befinden. Wir Amerikaner haben eigentlich einen Kontinent für uns selbst. Wir leben in einer Villa. Der Deutsche bewohnt eine Etage und hat dadurch ein deutlicheres Bewußtsein seiner Nachbarn. Er kann keine Reformen einführen, ohne diese Tatsache im Auge zu behalten, wie wir in Kapitel 5 sehen werden.

3. Kapitel.

Die Volkserziehung in Deutschland.

Eine Arbeit über das nationale Leben in Deutschland, die eine Beschreibung der deutschen Volkserziehung übergehen würde, wäre ebenso unvollkommen wie das Hamletdrama ohne den problematischen Helden. Es ist unmöglich, Deutschland richtig zu beurteilen, ohne über sein Schul- und Erziehungssystem Bescheid zu wissen. Keinem anderen Gegenstand, auch nicht der nationalen Verteidigung, hat der Deutsche eine sorgfältigere Aufmerksamkeit zugewendet. Es gibt keine staatliche Einrichtung, auf die er bereitwilliger Geld und Mühe verwendet als auf seine Schulen, und zwar auf die Volksschulen sowohl wie auf die höheren Schulen. Die Erziehung hat Deutschland zu dem gemacht, was es ist, und Deutschland ist sich dieser Tatsache bewußt. Der Glaube an die Erziehung ist in Deutschland eine Religion. Daß jeder Deutsche innerhalb vernünftiger Grenzen ein Recht auf gute Erziehung hat, ist ein Glaubensartikel. Die Unterstützung, die das amerikanische Volk den öffentlichen Schulen in unserem großen demokratischen Gemeinwesen zuteil werden läßt, zeigt, daß wir in vieler Hinsicht denselben Standpunkt einnehmen wie die Deutschen. Wir glauben, daß der Staatsbürger erzogen werden muß, wenn nicht der Staat selbst leiden soll. »How can the children learn, if they ain't got no slates?“ So hörte ich einen Distriktschuldirektor in Philadelphia, der auf die Trambahn wartete, sich gegenüber zwei weniger intelligenten Mitbürgern ärgerlich aussprechen. Ehre dem Manne trotz seines schlechten Englisch! Er war ein Prophet der Aufklärung, und er wünschte der kommenden Generation einige jener Güter übermittelt zu sehen, die er entbehrt hatte. Bisweilen zeigt sich die Begeisterung für Erziehung und Bildung, welche das deutsche Volk durchdringt, in etwas seltsamer Form. Eine Köchin, die vor etwa 16 Jahren, als ich $1^1/_2$ Jahre in Deutschland verbrachte, bei mir im Dienst war, unterhielt hernach einen Briefwechsel mit der Jungfer meiner Frau, einer Engländerin. In einem ihrer Briefe gab sie ihrem Mißmut über die Stellung Ausdruck, die sie gefunden hatte, als sie meinen Dienst verließ. Ihr Brotherr war ein Baron und lebte in einem Schloß auf seinen Gütern; aber, wie die Köchin mißbilligend schrieb, der fragliche Edelmann war kein Gelehrter, und er schien sich nur für den Ackerbau zu interessieren. Es mag zweifelhaft erscheinen, ob alle deutschen Köchinnen von der gleichen Verehrung für Professoren beseelt sind.

Die Schulen für das Volk.

Der Prozentsatz von Analphabeten ist in den deutschen Staaten tatsächlich verschwindend klein. Wie eine Prüfung der Rekruten für den Militärdienst ergeben hat, handelt es sich in Bayern nur um 0,0001 %, d. h. nur ein Mann aus 10 000 gehört unter die Analphabeten. In Preußen beläuft sich die Anzahl auf 4 von 10 000.

Der Charakter des weniger zivilisierten Ostens an der russischen Grenze erklärt diese Verschiedenheit.

Die Volksschulbildung ist obligatorisch in allen deutschen Staaten, und überall mit Ausnahme der zwei verhältnismäßig kleinen Großherzogtümer von Mecklenburg sind die Anforderungen für die ersten 8 Schuljahre eigentlich dieselben. Die Elementarschulen nehmen die Kinder vom 6. bis zum 14. Jahre auf. Sie werden dort unterrichtet im Lesen, Schreiben, Rechnen, den Elementen der Geometrie, Geschichte, Geographie, den Elementen der Physik und Chemie, in Zoologie und Botanik sowie in deutscher Literatur und Aufsatzlehre. Sie empfangen auch Unterweisung in Religion, im Zeichnen, Singen und im Turnen. Der Unterricht ist sehr gründlich und wird überall staatlich beaufsichtigt.

Wie man ohne weiteres sieht, ist das Kind, das in dieser Weise ausgerüstet ins Leben tritt, etwas anderes als ein bloßes Werkzeug in den Händen anderer. In den Städten empfangen die Knaben überdies häufig Handfertigkeitsunterricht, während die Mädchen in der Hausarbeit und im Nähen unterwiesen werden. Aber das ist nicht überall der Fall. Auf dem Lande wird neben dem Elementarunterricht auch wohl im Obstbau und Nähen Unterweisung erteilt.

Ein Umstand gibt dem Schulleben des deutschen Kindes ein besonderes Gepräge, und es lohnt sich, dabei einen Augenblick zu verweilen. In Süddeutschland zum wenigsten gilt es als Regel, daß die Kinder aller Bevölkerungskreise, selbst der vornehmsten, während der ersten Jahre ihrer Schulpflicht die öffentlichen Elementar- oder Volksschulen besuchen. Die Behörde wendet sich grundsätzlich gegen den Besuch anderer

Schulen; und die Erlaubnis, mit Privatmitteln besondere Schulen (Vorschulen) zu errichten, wird nur in besonderen Fällen und wenn stichhaltige Gründe vorliegen, gewährt. Einer der gewöhnlichsten Gründe besteht darin, daß die Gesundheit des Kindes den gewöhnlichen Schulbesuch nicht verträgt. In Norddeutschland gibt es besondere Vorschulen, die für die höheren Schulen vorbereiten, und die Angehörigen der reicheren Klassen pflegen wenigstens teilweise ihre Kinder dorthin zu schicken. Die Einrichtung in Süddeutschland ist demokratisch. Aber nach dem Urteil mancher Leute geht sie noch nicht weit genug. In den pädagogischen Kreisen Deutschlands ist seit längerer Zeit eine lebhafte Agitation im Gange zugunsten der sog. Einheitschule. Die radikalsten Vertreter des Gedankens der Einheitschule möchten, daß alle Kinder vom 6. bis 14. Jahre dieselbe Volksschule besuchen. Man möchte, daß die Gesamtheit der zukünftigen Bürger während der ersten acht schulpflichtigen Jahre dieselbe Erziehung genießt, ähnlich, wie sich alle männlichen Staatsbürger wieder zusammenfinden, wenn sie, gewissermaßen als Abschluß ihrer Erziehung, später ihrer Dienstpflicht genügen müssen. Demokratische Überzeugungen haben diese Reformbewegung ins Leben gerufen, und man begründet sie mit dem Hinweis auf die Interessen des Staates.

Fortbildungsschulen.

Der obligatorische Unterricht in den regulären Schulen erreicht sein Ende, wenn das Kind 14 Jahre alt ist. Aber selbst ein gut begabtes Kind wird, falls es mit 14 Jahren aus der Schule genommen wird und unter ungünstigen Umständen zu arbeiten hat, schlaff und stumpfsinnig werden und der staatsbürgerlichen Gemeinschaft, in welchem Beruf es auch immer stehen mag, wenig Nutzen bringen. Der Charakter ist unentwickelt. Der Sinn der Erziehung ist ihm noch nicht offenbar geworden. Das Kind hat noch nicht gelernt, für sich zu denken, man muß ihm gewissermaßen Schutz gegen sich selbst gewähren. Um diesen Zweck zu erreichen, sind die Fortbildungsschulen gegründet worden; sie wollen jenen Kindern dienen, deren Eltern nicht die Mittel besitzen, sie länger zur Schule zu schicken. In allen deutschen Staaten ist der Besuch dieser Schulen obligatorisch, sofern es sich um Städte von über 10 000 Einwohnern handelt. Auf dem Lande besteht die Schulpflicht ebenfalls, mit Ausnahme von Preußen und Mecklenburg. Die Schüler müssen die Schule, nachdem sie durch die Elementarschule hindurchgegangen sind, wenigstens 2 Jahre lang besuchen. In den größeren Städten besteht der Schulzwang wenigstens bis zur Vollendung des 17. Jahres.

Was wird in den Fortbildungsschulen gelehrt?

Die Fortbildungsschulen sind in zwei Gruppen eingeteilt, solche für gelernte Handwerker und andere für ungelernte Arbeiter.

Knaben, die die Schule für gelernte Handwerker besuchen, erhalten direkte berufliche Ausbildung und Unterweisung in betreff ihres Materials, der Werkzeuge und der Kostenaufstellungen, die sie zu machen haben. Außerdem werden sie unterrichtet in Physik und Chemie, Geometrie, Zeichnen, Buchhaltung, Staatsbürgerkunde und deutscher Literatur. In München, Straßburg und

Düsseldorf fällt auch die Ladenarbeit in das Gebiet der Unterweisung.

Knaben, die ungelernte Arbeiter bleiben, empfangen Unterweisung in Rechnen, Literatur, Bürgerkunde und in der sog. Heimatkunde. Letztere umfaßt Belehrung über die industriellen und wirtschaftlichen Bedingungen des Staates oder Distriktes, in dem die Schule liegt.

Die Mädchen sind, wie die Knaben, in zwei Klassen eingeteilt, je nachdem sie einen gelernten Beruf ergreifen oder nicht. Die ersteren empfangen Unterricht ähnlich demjenigen, der für die Jungen der betreffenden Klasse vorgesehen ist. Die letzteren werden in allen Arten von Hausarbeit unterrichtet; ferner im Kochen, in häuslicher Buchhaltung, außerdem in den Elementen der Literatur und des Rechnens.

Der Fortbildungsschulunterricht für die Mädchen ist nicht wie derjenige für die Knaben in allen deutschen Staaten obligatorisch. Dagegen besteht die Schulpflicht in allen größeren Städten und in Süddeutschland sogar in ländlichen Distrikten.

Die Schüler der Fortbildungsschulen empfangen in den Städten täglich 6 bis 10 Stunden Unterricht und auf dem Lande etwa 3 bis 4 Stunden. Aller Unterricht ist frei, und die Arbeitgeber sind gezwungen, bei Androhung heftiger Strafen, den Jungen und Mädchen die Zeit für den Unterricht freizugeben. Der Einfluß des ganzen Systems für die Hebung der durchschnittlichen Bildung unter den Arbeitern kann nicht hoch genug eingeschätzt werden.

Die höheren Schulen.

Diejenigen Eltern, die in der Lage sind, ihren Kindern über das schulpflichtige Alter hinaus Unterricht zu gewähren, lassen sie nicht bis zum 14. Jahre in die Elementar- oder Volksschule gehen. Im 9. oder 10. Jahre lassen sie sie in die unterste Klasse einer höheren Schule übertreten. Die deutschen höhern Schulen erledigen im großen und ganzen dasselbe Pensum, das unsere staatlich unterhaltenen niederen und höheren Mittelschulen (public grammar schools und high schools) erarbeiten, obgleich sie ihre Schüler weiter führen; sie stellen zum Teil die klassischen Sprachen, zum Teil aber die Naturwissenschaften in den Mittelpunkt des Unterrichts. Es erübrigt sich, hier in eine genauere Beschreibung einzutreten. Der Studiengang erstreckt sich über 9 Jahre und ist ein sehr gründlicher. Nur ein Umstand verdient in diesem Zusammenhang näher hervorgehoben zu werden: Es fragt sich, welchen Gesellschaftsklassen gehören die Schüler an, welche diese Anstalten besuchen? Die Behörde führt Listen über den Beruf der Eltern, und ich hatte großes Interesse daran, kürzlich solch eine Liste, die über die in einem großen Münchener Gymnasium vertretenen gesellschaftlichen Kreise Aufschluß gibt, durchzusehen.

Neben den Kindern jener Klassen, die bisweilen — nicht gerade bezeichnend — die „oberen" genannt werden, finde ich in großer Anzahl Kinder von Trambahnkondukteuren, Hausierern, Anstreichern, Postboten, Elektrizitätsarbeitern, Milchleuten, Oberkellnern, Lokomotivführern, Weichenstellern, Bäckern, Heizern, Faßbindern und Kaminkehrern.

Diese Erscheinung ist charakteristisch. Sogar die höhere Erziehung ist in Deutschland nicht das Vorrecht einiger weniger. Wo immer der Wille besteht, emporzukommen in der Welt, und sich nur ein mäßiges Maß von Veranlagung findet, wird der Weg durchzudringen gefunden werden. Die Billigkeit der Schulerziehung in Deutschland, von der nachher die Rede sein wird, ist hierfür zum Teil verantwortlich.

Der Besuch der Schulen, um die es sich hier handelt, öffnet den Weg zu einer großen Anzahl von Berufen. Der Pfad zu den Universitäten, technischen Hochschulen und anderen höheren Berufsschulen führt durch diese Schulen. Ihre Zöglinge erhalten, auch wenn sie nicht zur Hochschule gehen, das Zeugnis der Befähigung für zahllose Stellen in der staatlichen oder Stadtverwaltung, auch für bessere Posten in der Industrie und im Handelsfach. Erziehung und Bildung sind in Deutschland — sowohl theoretisch als praktisch — durch und durch demokratisch. Weder Reichtum noch soziale Stellung können von den unvermeidlichen Staatsexamen befreien. Ohne letztere findet man auf den verschiedensten Gebieten die Laufbahn verschlossen.

Die eigentlichen Hochschulen.

Der Deutsche gebraucht das Wort „Hochschule" für die Universitäten und gewisse Berufsschulen, die den Universitäten im Range gleich stehen, z. B. Berg- und Forstakademien, landwirtschaftliche Akademien u. dgl. m. Der Zugang zu diesen Akademien steht bei weitem nicht jedem offen. An die Zulassung sind feste und strenge Bedingungen geknüpft. Aber die Armut des Studierenden ist sicher kein Hindernis für seine Aufnahme. Ich kenne die deutschen Studenten sehr wohl und kann nicht bloß bezeugen, daß einige von ihnen sehr arm sind, sondern auch, daß eine große Anzahl selbst den einfachsten Klassen der Bevölkerung entstammt. Wie es viele von ihnen fertig gebracht haben, trotz ihrer Armut so weit zu gelangen, ist mir ein Geheimnis. Sicher haben viele von ihnen Bedrängnis genug erduldet. Auch auf unseren amerikanischen Universitäten habe ich genug davon gesehen. Hier wie dort empfangen die Studenten vom Staat und aus Privatstiftungen auch wohl Stipendien. Irgendwie bringen sie es fertig, ihren Lebensunterhalt zu fristen. Vor dem Hungertode bleiben sie bewahrt. Ein amerikanischer Neger beklagte sich einst, daß sein Gebet um das tägliche Brot nicht genau seinen Wünschen gemäß erfüllt würde. Sein tägliches Brot, sagte er, würde ihm zuteil, aber der liebe Gott ließe ihn hungern, bis er fähig wäre, alles zu verschlingen. Auf diese Weise komme er zurecht. Wahrscheinlich können einige deutsche Studenten auf ähnliche Erfahrungen Anspruch erheben. Indessen schlagen sie sich durch, und einige von ihnen erheben sich zu wirklicher Bedeutung, um dem Staate hundertfach die Kosten ihrer Erziehung zurückzubezahlen.

Die Kosten des deutschen Schulwesens.

In den Elementarschulen ist der Unterricht frei, nicht bloß in den Städten sondern auch in den meisten ländlichen Distrikten. Anderswo beläuft sich das Schulgeld jährlich auf 2 bis 8 Mark das Jahr. Für die höheren Lehranstalten in Bayern beträgt das Schulgeld ungefähr 50 Mark das Jahr. In Preußen zahlt man, wenigstens an vielen Orten, etwa das 3fache dieses Betrages. Die ärmeren Kinder in den Elementarschulen erhalten ihre Textbücher von der Behörde, die wohlhabenderen nicht. In den Universitäten beträgt das Kollegiengeld pro Wochenstunde etwa 4 Mark das Semester. Man sieht ohne weiteres, daß durch solche Einnahmen die Kosten weder der Elementar- noch auch der höheren Schulen gedeckt werden können. Der Staat erteilt den Unterricht eigentlich umsonst. Er muß sich nach anderen Einnahmequellen umsehen, um die Ausgaben für die Schulen zu bestreiten. Woher nimmt er die Mittel? Genau aus denselben Quellen, aus denen unsere Staaten in Amerika schöpfen, um die Kosten der Erziehung zu bestreiten.

Der Gewinn für Deutschland.

Kein anderer Gewinn kommt dem Vorteile gleich, der einem Land aus einer aufgeklärten und disziplinierten Bevölkerung erwächst. Die Elementar- und Fortbildungsschulen haben Deutschland ein Heer von Arbeitern geliefert, die nicht bloß „Hände" sind. Die Ausbildung, die sie empfangen haben, und die für sie geschaffene soziale Gesetzgebung, mit deren Einzelheiten sie genau bekannt sind, haben bereits dazu geführt, daß sich das Leben für sie weniger unter dem Bilde des Kampfes einer Klasse gegen die andere darstellt. Jede Industrie hat den Vorteil gefühlt, der ihr aus der Hebung der Volkserziehung erwächst, und die meisten Industriezweige sind vorwärts gekommen trotz der Lasten, die ihnen durch das umfassende Versicherungssystem für die Arbeiter auferlegt sind. Überdies wird es einem Menschenfreunde sicher nicht als geringer Gewinn erscheinen, wenn die tägliche Arbeit des Mannes sich über das Niveau schmutziger Plage erhebt, die er nur auf sich nimmt, um seinen Lebensunterhalt zu erwerben. Der Mann, der intelligent genug ist, um sein Tagewerk mit Freude und Stolz zu erfüllen, und der sich der Bedeutung seiner Arbeit für das Staatsleben einigermaßen bewußt wird, fühlt sich erhoben und verdient den Namen eines Staatsbürgers. Wie groß auch die Kosten für die Schule sein mögen, die Erziehung der Massen in Deutschland hat sich gelohnt. Es ist nicht ohne Bedeutung, daß die Armut nicht gleichbedeutend ist mit Erniedrigung und daß Lumpenquartiere in Deutschland seltener anzutreffen sind als in den meisten anderen Ländern.

Es wird kaum nötig sein, bei dem Vorteil, der dem Staate aus seinem ausgezeichneten und im wahren Sinne demokratischen System der höheren Schulbildung erwächst, länger zu verweilen. Das Gehirn des Staates bilden direkt oder indirekt die Beamten, die in seinem Dienst tätig sind. In den Universitäten und vielen Fachbildungsanstalten werden Tausende von tüchtigen Leuten, die, wie ich oben dargelegt habe, sich aus allen Gesellschaftsklassen rekrutieren, dazu vorgebildet, entweder das Gebiet menschlichen Wissens durch eigene Forschung zu erweitern oder im Dienste der Menschheit zu verwerten, was ihnen die Wissenschaft an fertigen Ergebnissen übermittelt.

Von den höheren Bildungsanstalten in Deutschland haben wir Amerikaner vieles übernehmen können. Mein erster Besuch in Deutschland vor 31 Jahren diente dem Besuche einer Anzahl von Universitäten; ich suchte dabei festzustellen, inwiefern das, was ich gesehen hatte, in meiner Heimat sich würde verwerten lassen. Zu jener Zeit war die Mehrzahl unserer Universitäten kaum etwas anderes als Colleges mit mittelschulartigem Charakter, die in irgendeiner Weise mit gewissen der Berufsbildung dienenden und häufig von Privatunternehmern gegründeten Fakultäten in loser Verbindung standen. Die außerordentliche Entwicklung, die unseren höheren Bildungsanstalten seitdem beschieden war, hat gleichen Schritt gehalten mit der Entwicklung unseres Landes und legt Zeugnis ab ebensowohl für die Energie und den Unternehmungsgeist der Amerikaner als auch für die selbstlose Großmut unserer Landsleute. Aber jene Entwicklung hat sich durchaus nicht unabhängig von äußeren Einflüssen vollzogen. Die Deutschen haben zwar solch augenscheinlich unpraktische Gegenstände wie Philologie und Philosophie gepflegt, anderseits aber haben sie sich mit nicht weniger Beharrlichkeit der Medizin, dem Kunstgewerbe, der Chemie und Physik, der Tierheilkunde, dem Ackerbau und der Forstwirtschaft zugewendet, kurzum sie haben alle Wissenschaften, die der Wohlfahrt und Gesittung des Menschengeschlechts dienen, in Angriff genommen. Ohne jene Armee ausgezeichnet vorgebildeter Leute, die ihre Erziehung in den deutschen Schulen erhalten haben, würde Deutschland niemals die reiche und hochentwickelte Nation unserer Tage sein. Das Land begann vor nicht langer Zeit und mit wenig günstigen Aussichten seine Entwicklung. Es ist jetzt ein furchtbarer Rivale auf Gebieten, die seit längerer Zeit von anderen Nationen ausschließlich als ihr Eigentum betrachtet wurden. Ja, die deutsche Erziehungsarbeit hat sich bezahlt gemacht. Deutschland hat, als es seine Schulen baute, seinem eigenen wohlverstandenen Interesse gedient. Die Erziehung hat Deutschland zu dem gemacht, was es ist. Aber zufällig haben die Deutschen damit auch anderen Nationen einen wertvollen Dienst geleistet, denn wir alle haben von der deutschen Wissenschaft und Industrie lernen können.

Andere Erziehungsfaktoren.

Der Mensch lebt nicht vom Brot allein, noch darf man erwarten, daß ein zivilisierter Mensch ein durchaus würdiges Leben lebt, wenn in seiner Erziehung jene Elemente fehlen, die gewöhnlich als unpraktisch angesehen werden. Poesie und Musik haben ebensowohl ihre Existenzberechtigung wie Chemie und Physik.

Diejenigen, welche die Vielseitigkeit unserer modernen Zivilisation zu würdigen wissen und die Überzeugung haben, daß ein Mensch nicht bloß leben sondern auch würdig leben und Zugang zu den mannigfachen Quellen des Genusses haben soll, betrachten Musik- und Malschulen als eine wertvolle Ergänzung des staatlichen Erziehungssystems. Dasselbe gilt vom Theater und der Oper, wenn sie als Erziehungsanstalten gepflegt und in einer Weise subventioniert werden, daß sie Erziehungszwecken dienen können und sich nicht dadurch über Wasser zu halten brauchen, daß sie sich dem Geschmack der Ungebildeten anpassen.

Das deutsche Erziehungssystem kennt Einrichtungen dieser Art. Die Hauptstädte mancher deutschen Bundesstaaten, desgleichen viele andere Städte sind mit Kunstschulen und Theatern versehen, welche staatliche Unterstützung erhalten und die deshalb zur Bestreitung ihrer Ausgaben nicht auf sich allein angewiesen sind. Dem Sohne eines Bauern, vorausgesetzt, daß er genügend talentiert ist, wird auf diese Weise die Laufbahn des Künstlers geebnet.

Teilweise fällt die Last dieser Kunsterziehung, die auch dem Leben des einfachen Menschen seinen Anteil an den Freuden der Poesie, der Malerei und Musik sichern möchte, der Zivilliste der deutschen Fürsten zu, deren Einkommen — ich möchte das ausdrücklich bemerken — in keiner Weise mit demjenigen der Stahlmagnaten in Amerika zu vergleichen ist. Hier in München sind beispielsweise die ausgezeichneten musikalischen und dramatischen Aufführungen nur durch die königlichen Zuschüsse möglich. Die öffentlichen Gärten und insbesondere der populäre Hofgarten werden auf königliche Kosten unterhalten, aber jedermann hat darin Zutritt. Ich trinke meinen Kaffee Sonntag nachmittags in dem Hofgarten, der König tut dies nicht. Selbst sein Haus scheint ihm kaum zu gehören. Ein großer Teil desselben steht jedermann offen, der sich die Mühe nimmt, um eine Eintrittskarte zu ersuchen. Die Kunstschätze, die der Palast enthält, stehen jedermann zur Besichtigung frei, ebenso die königlichen Kunstsammlungen in anderen Gebäuden.

Die Erziehungsmöglichkeiten der Deutschen sind also nicht allein auf die gewöhnlichen Schulen beschränkt. Auch die Erziehung zur Kunst liegt im Bereiche der Möglichkeiten des Volkes, und manche Leute in allen Lebenskreisen machen sich diese Gelegenheit zunutze. Was dies bedeutet, kann von einem demokratischen Lande, wie das unsere, wohl gewürdigt werden. Bei uns ist es ja Grundsatz, daß alle Bevölkerungsklassen moralischen Anspruch auf die besten Güter des Lebens haben. Ich kann 4 oder 6 Mark bezahlen für einen teueren Konzertplatz, wenn ich dazu Lust habe. Meine Freude, der ausgezeichneten Musik zu lauschen, wird nicht wenig gesteigert, wenn ich mir vergegenwärtige, daß viele Zuhörer, Studierende oder andere, die nur geringe Mittel zur Verfügung haben, Beethoven und Brahms genau so genießen wie ich, nur zu einem Eintrittspreis von 50 Pf., ja bisweilen zu 30 Pf. Nicht wenige von diesen Besuchern verfolgen das Konzert mit dem Klavierauszug in der Hand.

Was liest das deutsche Volk?

Die Zahl der Bücher, die in Deutschland veröffentlicht werden, ist ungeheuer, und die Bücher sind ein wichtiger Faktor in der Erziehung eines Volkes. Romane werden natürlich gelesen, aber es herrscht eine sehr starke Nachfrage nach Büchern ganz anderer Art. Anders würde es sich ja niemals lohnen, so viele Bücher zu drucken. Es regnet Schriften über Kunst, Geschichte, Nationalökonomie, Politik, kurzum über alle Gegenstände, die das Interesse der deutschen Nation ernstlich in Anspruch nehmen. Einige Bücher sind vielleicht sensationell, aber die meisten und gerade diejenigen, die am häufigsten gelesen werden, sind tüchtige und lehrreiche Arbeiten.

Ich habe hervorgehoben, daß die Schüler der Fortbildungsschulen Unterricht in Bürgerkunde empfangen. Ich will hinzufügen, daß der großen Masse des deutschen Volkes fortwährend Unterweisung dieser Art zukommt, und zwar durch Bücher, die das Material für die staatsbürgerliche Aufklärung enthalten; diese Bücher werden in großen Auflagen gedruckt und unter dem Volke verteilt. Ich habe gerade solch ein Buch gelesen. Es ist eines von vielen. Aber es ist bereits in 6. Auflage erschienen, und dem Titel folgt der Aufdruck 36. bis 39 000. Es gibt — wie andere Bücher dieser Art — genaue Belehrung über die Verfassung des Reiches und der Staaten, aus denen das Reich besteht, außerdem eine genaue Beschreibung der Rechte und Pflichten aller Volksklassen.

Der Durchschnittsdeutsche hat ziemlich viel gelesen und ist gut unterrichtet. Soweit seine Beziehungen zum Staat in Betracht kommen, ist er ebensogut unterrichtet wie der Durchschnittsamerikaner. Er weiß nicht bloß, was er tun kann, um seine Rechte auf gesetzmäßigem Wege zu erweitern, sondern auch was er nicht tun kann. Einige Deutsche sind freilich zu sehr mit ihren Berufspflichten beschäftigt, um diesen Dingen eine ernste Aufmerksamkeit zuzuwenden. Aber das ist unglücklicherweise bei manchen unserer amerikanischen Staatsbürger nicht anders.

Zusammenfassung.

Deutschland ist also im eigensten Sinne das Land der Erziehung. Analphabetentum existiert so gut wie gar nicht. Alle Bevölkerungsklassen sollen Erziehung und Unterricht erhalten. Das ist Regierungsgrundsatz. Manche Klassen der Bevölkerung genießen eine höhere Ausbildung. Die Behörde hat sich ernstlicher als vielleicht jemals eine andere Regierung bemüht, die Bildung allen Staatsbürgern zugänglich zu machen. Auch nach dieser Richtung hin hat sie sich als eine Regierung f ü r das Volk betätigt. Diese Tatsache sollte insbesondere von den Amerikanern gebührend beachtet werden.

Es ist nicht nutzlos, darauf hinzuweisen, daß die Verbreitung der Volksbildung nicht gerade ein Mittel ist, die tyrannische Herrschaft irgendeiner Kaste zu sichern; tatsächlich dient sie dazu, solch einer Herrschaft den Garaus zu machen. In Rußland, gerade jenseits der Grenzen Preußens, wird die Volkserziehung mehr gefürchtet als die Beulenpest. Der Deutsche glaubt, gute Gründe zu haben, sich eine starke Zentralregierung gefallen zu lassen, und eben diese Gründe waren maßgebend für die Haltung einer so aufgeklärten Partei, d. h. der deutschen Sozialdemokraten, in der Krisis von 1914. Sie wußten sehr wohl, daß keine andere Regierung in Europa so viel für jene Klassen tut, deren Interessen die Sozialdemokraten so leidenschaftlich vertreten. Ich glaube, daß keine Regierung stark genug sein würde, die aufgeklärte und geeinigte deutsche Nation niederzuhalten, wenn diese Nation das Gefühl hätte, unter einer Tyrannei zu seufzen.

Ich möchte noch eine Frage erörtern, die sich dem Amerikaner leicht aufdrängt. Die deutsche Erziehung besteht nicht lediglich in der Übermittlung von Unterweisung. Der Deutsche lernt zu gehorchen von seinen frühesten Jahren an. Er wird früh an Disziplin gewöhnt, und diese Disziplin wird später durch seine Militärdienstjahre weiter ausgebildet. Büßt er an Unabhängigkeit seines Charakters ein? Verliert er Entschlußfähigkeit und Kraft? Die Fragestellung ist nicht unbillig. Es gibt nur wenig Vorteile, die nicht auf Kosten eines Verlustes erworben werden. Unzweifelhaft wird derjenige, der sich immerfort seines Platzes in einem größeren Organismus bewußt ist, weniger fähig sein, ganz unabhängig, d. h. ohne äußere Leitung, zu handeln. Nach meinem Gefühl ist der junge Amerikaner, wenigstens in praktischen Angelegenheiten, durchschnittlich unabhängiger als der junge Deutsche. Ob das seinen Wert und seine Bedeutung als Staatsbürger erhöht oder nicht, ist eine andere Frage. Daß die Kraft Deutschlands nicht verringert worden ist durch die Schulung, der seine Bewohner teilhaftig wurden, ist sowohl im Frieden als im Kriege deutlich genug in die Erscheinung getreten. Im Frieden durch die außerordentliche Entwicklung Deutschlands seit der Gründung des Reiches, im Kriege durch das, was Deutschland seit dem August 1914 getan hat.

4. Kapitel.

Das deutsche Volk und der Militarismus.

Keine Institution in Deutschland ist von dem Amerikaner mehr mißverstanden worden als die deutsche Armee. Nicht als ob wir zu wenig davon hörten. Wir hören so viel davon, bis uns der Gegenstand ermüdet. Der innere Bau des militärischen Systems bleibt für uns ein versiegeltes Buch.

Wir erfahren, daß die Stärke der deutschen Armee in Friedenszeiten über $^1/_2$ Million beträgt. Die Zahl scheint verblüffend. Was kann man mit so vielen Soldaten in Friedenszeiten anfangen? Tausende von uns besuchen Deutschland Jahr für Jahr, und wir sehen überall Soldaten. Wir hören den Massenschritt der Marssöhne in den sonst so ruhigen Straßen. Das Bild in den Kaufhäusern wird durch bunte Uniformen belebt. Als ich meine erste Nacht in Deutschland verbrachte, wurde ich morgens durch den Marsch eines ausrückenden Regimentes geweckt, ich sprang ans Fenster, um den ungewohnten Anblick zu genießen. Was hat es mit der stehenden Armee auf sich, von der wir so viel hören und die sich unserer Aufmerksamkeit immerfort aufdrängt, wenn wir unsere teutonischen Nachbarn besuchen? Wie kommt es, daß diese Armee fast ausschließlich aus Soldaten besteht, die kaum den Knabenjahren entwachsen sind?

Was ist die deutsche Armee?

Die Zahlen, die ich gebe, sind diejenigen des Jahres 1910. In diesem Jahre wurden die letzten genauen statistischen Angaben die ich erhalten konnte, veröffentlicht. Im Jahre 1910 zählte die Friedensstärke der Armee 505 839 Mann. Zu dieser Zahl müssen etwa 14 000 Einjährige, von denen weiter unten die Rede sein wird, hinzugezählt werden, außerdem 85 234 Unteroffiziere und 25 519 Offiziere. Diese Zahlen entsprechen nicht genau der Stärke der deutschen Armee, als der Krieg von 1914 ausbrach. Im Jahre 1867 wurde in Preußen durch Gesetz festgelegt, daß das Heer 1% der Bevölkerung umfassen sollte. Diese Bestimmung erhielt auch Gültigkeit für Deutschland, aber die Bevölkerung wuchs so stark, daß die Vermehrung der Armee nicht gleichen Schritt halten konnte. Seit 1910 war man dann bestrebt, die obige Bestimmung zur Durchführung zu bringen und die Heeresstärke bis auf 1% der Bevölkerung zu erhöhen. Ich bin nicht imstande, die Zahl der Offiziere für das laufende Jahr zu geben. Aber für das Jahr 1915 war die Zahl der Soldaten auf 661 478 festgelegt.

Wie viele Berufssoldaten gibt es?

Es wäre durchaus falsch, anzunehmen, daß diese Armee, die in der Tat enorm ist, nur aus Berufssoldaten besteht. Die gemeinen Soldaten sind in ihrer überwältigenden Mehrzahl junge Leute, die ihrer Militärpflicht genügen und durchaus nicht die Absicht haben, Berufssoldaten zu werden, also nur zu den Fahnen eilen, wenn das Vaterland von dem Unglück des Krieges heimgesucht wird. Jenen Zehntausenden von Soldaten, die der amerikanische Tourist zu Gesicht bekommt, wenn er sich im Auslande aufhält, würde er 1 oder 2 Jahre später bei friedlicher Beschäftigung wieder begegnen. Er würde beobachten können, wie sie das Feld pflügen, in Eisen- und Kohlenbergwerken arbeiten, in industriellen Werken tätig sind, wie sie in Läden hinter dem Zahltisch stehen, in den Trambahnen Fahrscheine verkaufen, als Ingenieure sich betätigen oder als Bremser und Gepäckträger bei den Eisenbahnen Dienste tun. Der Mann, den er heute in Uniform erblickt, wird vielleicht morgen neben ihm auf den Hörerbänken in medizinischen Vorlesungen sitzen, wo er dann an nichts anderes denkt, als sich für die ärztliche Laufbahn vorzubereiten. Wenn er in ein Restaurant geht, um sein Frühstück einzunehmen, bedient ihn als Kellner vielleicht ein Mann, der vor wenigen Jahren mit anderen in Reih und Glied marschierte, aber der seinem Beruf nach ein Kellner ist und nie die Absicht gehabt hat, diesen Beruf aufzugeben. Tatsache ist, daß die stehende Armee Deutschlands nichts mehr und nichts weniger ist als eine Schule. Die Offiziere und Unteroffiziere entsprechen den Lehrern. Sie verbleiben in der Hauptsache bei ihrem Beruf, aber die Schüler gehen zur Schule, um sie durchzumachen und sie dann wieder zu verlassen. Zur Schule zu gehen ist kein Beruf.

Das Volksheer.

Gesunde junge Leute müssen durch die militärische Schule hindurchgehen, die meisten dienen in der Infanterie, und ihre Dienstpflicht umfaßt 2 Jahre. Diejenigen, die bei der Kavallerie oder bei der reitenden Artillerie dienen, haben 3 Jahre bei ihrer Gruppe zu bleiben. Während dieser Zeit ergreift der Staat gewissermaßen Besitz von diesen jungen Leuten und bestreitet alle ihre Ausgaben. Ihre Ausbildung ist gründlich und die Disziplin streng. Viele von ihnen lernen dabei zum ersten Male, was es heißt, sich wirklich anstrengen und gehorchen zu müssen. Die militärische Dienstpflicht des jungen Staatsbürgers ist noch nicht ganz erledigt, wenn seine Ausbildungszeit vorüber ist. Zur gegebenen Zeit während der nächsten 5 Jahre hat er 3 Übungen von 2 bis 4 Wochen abzuleisten. Die Termine für diese Übungen sind absichtlich nicht genau bestimmt worden. Sie ändern sich beispielsweise, wenn ein Wechsel in der Armeeausrüstung Platz greift und die Notwendigkeit sich ergibt, die gedienten Leute mit einer neuen Waffe bekannt zu machen.

Es ergibt sich daraus, daß die deutsche Regierung ziemlich große Ansprüche an die Zeit der gesunden männlichen Bevölkerung stellt. Aber die Zeit ist nicht gänzlich verloren, auch wenn man die Notwendigkeit, für die Verteidigung der Nation Opfer zu bringen, einmal außer acht läßt. Nicht bloß pädagogisch interessierte Kreise sondern auch manche Arbeitgeber betonen, wieviel durch Disziplin, Ordnungssinn, Reinlichkeit und prompten Gehorsam gewonnen wird und wie dieser Vorteil die Opfer an Zeit reichlich aufwiegt. Einige gehen so weit, zu behaupten, daß die erstaunliche Entwicklung, welche die deutsche Industrie in den letzten Jahrzehnten durchlaufen hat, teilweise zurückzuführen ist auf den erzieherischen Nutzen, den die Dienstpflicht den Arbeitern gebracht hat. Ich bin nicht in der Lage, nachzuprüfen, inwieweit diejenigen, die sich in dieser Weise äußern, unbewußt durch ihr patriotisches Gefühl beeinflußt werden oder inwiefern ihnen ihre ausgedehnte Erfahrung mit den betreffenden Bevölkerungsklassen ein Recht auf unparteiisches Urteil gibt. Daß die strenge und gerechte Disziplin, der die jungen Leute in einer bildungsfähigen Zeit ihres Lebens unterworfen sind, einen nicht geringen Einfluß auf ihren Charakter und ihre Gewohnheiten hat und daß dieser Einfluß im großen und ganzen ein guter ist, kann ich aus persönlicher Beobachtung bestätigen.

Über die Bildung und Lebensverhältnisse der Einjährig-Freiwilligen werde ich in dem nächsten Kapitel sprechen. Ich darf annehmen, daß sich aus den angeführten Tatsachen ergibt, daß das deutsche stehende Heer ein Volksheer ist. Es teilt diese Eigenart mit den Armeen anderer europäischer Staaten, die den Grundsatz der allgemeinen Dienstpflicht anzunehmen genötigt waren. Die Verhältnisse liegen so verschieden in Amerika und Deutschland, daß es mir der Mühe wert schien, auf die Angelegenheit etwas ausführlicher einzugehen.

Die deutsche Armee besteht nicht aus Berufssoldaten. Alle Klassen der Bevölkerung, von den höchsten zu den niedrigsten, gehen durch diese Schule hindurch. Der Edelmann und der Bauer, der Richter und der Portier seines Justizpalastes, der Arzt und der Kutscher, der ihn auf seinen Gängen fährt, der Universitätsprofessor und der Diener, der reiche Fabrikbesitzer und der Mann, der bei ihm in Arbeit steht, alle haben gedient und eine Zeitlang die gleiche Behandlung erfahren; denn in der Armee werden die Rekruten, auch diejenigen besserer Kreise, nicht gerade mit Glacéhandschuhen angefaßt.

Das stehende Heer ist, wie ich gesagt habe, eine Schule; diejenigen, die ihre Ausbildung empfangen haben, nehmen ihren Platz im Heere ein, wenn ein Krieg ausbricht. Ob es sich um Friedens- oder Kriegszeiten handelt, das Heer läßt sich billigerweise mit einer Miliz vergleichen, deren Angehörige nicht bloß ihrer Dienstpflicht genügen, sondern auch sonst schweren Anforderungen gerecht werden müssen. Es ist nicht uninteressant, festzustellen, daß das englische Heer, so klein es immer sein mag, ungefähr die doppelte Anzahl Berufssoldaten hat, als in dem deutschen Heer zu finden sind.

Der Reserveoffizier.

Die Einjährig-Freiwilligen, wie sie genannt werden, sind junge Männer von Bildung, die ihrer Dienstpflicht genügen und ihre Ausgaben für Nahrung, Wohnung und Ausrüstung während ihres Dienstjahres selbst bezahlen. Es gilt als Regel, daß ein junger Mann, der seiner Dienstpflicht unter den angegebenen Bedingungen genügen darf, 6 Klassen der 9 jährigen höheren Lehranstalten mit Erfolg absolviert haben muß, d. h. er hat eine Ausbildung genossen, die ungefähr dem Graduierten einer amerikanischen Hochschule (high school) gleichkommt. Man nimmt an, daß die Rekruten, welche diese höhere Schulbildung erworben haben, in einem Jahre so viel zu lernen imstande sind als die Durchschnittsrekruten in 2 Jahren und daß sie auch sonst im allgemeinen auf einem höheren Niveau der Intelligenz stehen. Ihre Ausgaben während ihres Dienstjahres werden auf etwa 1800 bis 2500 Mark berechnet. Nach Ablauf der ersten Hälfte des Dienstjahres werden die Einjährigen in 2 Klassen geteilt. Diejenigen, die für den Militärdienst besonders tauglich erscheinen und die sich während der ersten Monate gut geführt haben, empfangen in der 2. Hälfte des Jahres besondere Instruktionsstunden. Am Ende des Jahres findet dann eine Prüfung statt, die darüber entscheidet, ob der junge Mann auf dem Pfade weitergehen kann, der ihn zu der Würde eines Reserveoffiziers führt.

Es ist in das Belieben des jungen Mannes gestellt, ob er Offiziersaspirant werden will oder nicht. Macht er Anspruch auf diese Ehre, so muß er sich zunächst zu den weiteren Übungen verpflichten, die von allen gedienten Leuten gefordert werden.

Danach kann er sich zur Wahl stellen. Die Wahl erfolgt durch die Reserveoffiziere, richtiger gesagt durch die Offiziere des Beurlaubtenstandes desjenigen Bezirkskommandos, dem er angehört. Die Wahl bedingt, daß der Betreffende erstens die militärische Qualifikation besitzt, die der Regimentskommandeur auf Grund der mit Erfolg abgeleisteten 2. Übung erteilt, und zweitens daß der Betreffende eine sichere Lebensstellung und die Mittel zu einer standesgemäßen Lebensführung besitzt. Gerade der Nachweis einer gesicherten Lebensstellung charakterisiert sehr deutlich den Reserveoffizier im Gegensatz zu dem Berufsoffizier. Natürlich wird auf den allgemeinen Charakter, die soziale Stellung und die Lebensführung des Mannes, der sich zur Offizierswahl stellt, gebührende Rücksicht genommen. Der Reserveoffizier ist also ein Bürgeroffizier und kein Berufssoldat. Die Leute, die ihn gewählt haben, haben dieselbe Ausbildung genossen und gehören wie er einem bürgerlichen Berufe an. Daß er sich zu zwei weiteren Übungen von 6 bis 8 Wochen verpflichten muß, hebt ihn nicht aus der bürgerlichen Berufsklasse heraus. Er und seine Kameraden sind Juristen, Architekten, Geschäftsleute, Lehrer usw., aber sie haben gelernt, im Ernstfalle ein militärisches Kommando zu übernehmen. Ich habe von militärischen Sachverständigen sagen hören, daß während des gegenwärtigen Krieges (1915) sich die Reserveoffiziere in einer Weise ausgezeichnet haben, daß sie in Zukunft noch eine größere Bedeutung für das deutsche Heer erlangen werden. Wenn das auch nur Hörensagen ist, so kommt es doch von vertrauenswürdiger Seite.

Die Berufssoldaten.

Wir haben gesehen, daß es im Jahre 1910 85 234 Unteroffiziere und 25 519 Offiziere in der deutschen Armee gab. Diese Leute und sie allein bilden den Kreis derjenigen, die als eigentliche Berufssoldaten bezeichnet werden können. Alles in allem zählen sie ungefähr 110 000 Leute, die in einem Staate, der so enorm bevölkert ist wie das Deutsche Reich, kaum in Betracht kommen. Diese Leute werden für ihren Dienst im Heere bezahlt, die andern nicht.

Ich sage, daß die andern nicht bezahlt werden; aber vielleicht sollte ich meine Worte etwas einschränken. Diejenigen, die sich ihren militärischen Übungen unterziehen, empfangen einen kleinen Zuschuß, der allerdings nur als Taschengeld betrachtet werden kann. So empfängt der Infanterist ungefähr 8 Mark den Monat. Das kann kaum als Lohn während der 2 jährigen Dienstzeit betrachtet werden. Niemand würde für solch einen Lohn arbeiten.

Die Unteroffiziere dienen gewöhnlich 12 Jahre. Danach haben sie Anspruch auf einen bürgerlichen Beruf.

Sie sind ausgesuchte Leute, an Zucht gewöhnt und vertrauenswürdig. Ihre Dienste werden als Polizeibeamte, Museumswärter usw. geschätzt.

Die eigentlichen Offiziere empfangen eine besondere Ausbildung, ähnlich wie die Offiziere in der Armee der Vereinigten Staaten. Sie können im Dienste alt werden. Oft hören wir von ihnen als von einer bevorzugten Klasse reden. Zweifellos erfreuen sie sich im gesellschaftlichen Leben einer angesehenen Stellung, aber ein Anrecht auf ein großes Salair oder selbst auf eine Entlohnung, die der Amerikaner als ein angemessenes Salair betrachten würde, haben sie nicht. Ein kommandierender General der deutschen Armee bezieht ungefähr drei Viertel des Gehaltes eines Professors an der Columbia-Universität. Ein Oberst empfängt ungefähr die Hälfte des Gehaltes eines amerikanischen Universitätslehrers. Das Leben ist gegenwärtig nicht gerade billig in Deutschland, und für das Vorrecht, „Offizier" zu heißen, müssen gewisse Opfer gebracht werden. Warum bringen die Leute diese Opfer?

Vermutlich handelt es sich bei ihnen um ähnliche Erwägungen, wie sie wirksam sind, wenn tüchtige und energische Amerikaner sich lieber der Kunst und Wissenschaft als dem Geschäfte widmen. Einige werden von Familientradition geleitet, anderen gefällt das Leben, einige denken an das gesellschaftliche Ansehen, das sie in dem Berufe genießen. Wenn sich die Deutschen wirklich eine Bürde irgendwelcher Art aufgeladen haben, so ist es zweifellos, daß die Berufssoldaten ihren vollen Anteil an dieser Bürde tragen. Die sog. privilegierte Kaste genießt keine Bürgerrechte, die nicht allen Deutschen zukommen; und ihren Mitgliedern sind auch Entbehrungen nicht unbekannt. Im persönlichen Umgang mit ihnen habe ich sie nicht anmaßend, sondern im Gegenteil durchweg höflich gefunden. Vielleicht haben diejenigen meiner Landsleute, die anders berichten, durch ihre Unvertrautheit mit der deutschen Sprache und den gesellschaftlichen Gewohnheiten sich Erfahrungen ausgesetzt, die leicht hätten vermieden werden können.

Das deutsche Volk und die Armee.

Zweifellos gibt es Deutsche, die es vorziehen würden, die 2- oder 3 jährige Schule im Heere zu entbehren. Kein Amerikaner zahlt allzu willfährig seine Steuern. Aber vernünftige Amerikaner halten das Steuerzahlen für notwendig, und gute Amerikaner zahlen ihre Steuern ohne Murren. Indessen ist der Militärdienst in Deutschland keineswegs so unbeliebt wie das Zahlen von Steuern in Amerika. Auf Grund einer großen Erfahrung mit Leuten aller Klassen kann ich sagen, daß der Dienst bei den jungen Leuten im allgemeinen nicht unbeliebt ist. Alle Klassen sind gezwungen, zu dienen, so daß keiner das Gefühl hat, daß ihm unrecht geschieht. Auch wird über die Dienstjahre in der Öffentlichkeit offenbar nicht ungünstig geurteilt. Dumme und faule Menschen, denen Unterordnung irgendwelcher Art abscheulich ist, haben natürlich Unbequemlichkeiten genug. Der amerikanische Bummler würde die Jahre in der Kaserne unerträglich finden.

Im allgemeinen scheinen die jungen Deutschen stolz darauf zu sein, gedient zu haben. Ich habe häufig beobachtet, daß diejenigen, die vom Militärdienst auf Grund körperlicher Fehler befreit und als militärdienstuntauglich erklärt wurden, durch ihre Befreiung schmerzlich berührt waren. Die Armee ist bei der großen Masse der Bevölkerung nicht unpopulär. Man darf nicht vergessen, daß die Stärke der Armee durch den Reichstag bestimmt wird und daß der Reichstag aus dem allgemeinen Stimmrecht hervorgeht. Die deutsche Nation hat die Armee, die sie zu haben wünscht. Ob sie sich nun durch Täuschung oder Überredung irreführen läßt oder nicht, auf alle Fälle ist das deutsche Militärsystem der Ausdruck ihres Willens; in ihm stellt sich dar das Urteil der Nation in betreff dessen, was die Sicherheit des Landes erheischt.

Ist der Militarismus ein deutsches Gewächs?

Wir hören so viel vom deutschen Militarismus, daß es nottut, uns daran zu erinnern, daß der Militarismus keineswegs nur auf Deutschland beschränkt ist. Weder in bezug auf die Größe der Armee noch auch in bezug auf das Hervortreten eines kriegerischen Geistes erfreut sich die Nation eines fragwürdigen Vorrechtes gegenüber den anderen europäischen Völkern. In der Tat würde die Behauptung richtiger sein, daß das Gegenteil der Fall ist.

Die deutsche Armee läßt sich in bezug auf Größe mit derjenigen Rußlands nicht vergleichen, und in den 44 Jahren, die der Gründung des Reiches folgten, hat sie sich als eine sehr friedfertige Macht bewährt. Während dieser Zeit ist das russische Heer ständig zu Angriffszwecken gebraucht worden. Rußlands letzter großer Krieg mit seinem jetzigen Verbündeten Japan entstand durch die Besitzergreifung chinesischen Gebietes, auf das Rußland keinen anderen Anspruch hatte als den Wunsch, es zu besitzen. Rußlands feindliche Einfälle in Nachbargebiete können nur verglichen werden mit den Überschwemmungen einer Sturmflut. Das Land ist immer angriffslustig, und ein starkes Bollwerk ist nötig, um es in Schranken zu halten.

Auch ist Frankreich nicht ohne Armee. Tatsächlich hat das Land eine Armee, die annähernd derjenigen Deutschlands gleichkommt. Trotzdem ist seine Bevölkerung um mehr als ein drittel geringer, und seine geographische Lage ist eine weit günstigere, denn es kann zu Lande nur auf einer Seite wirksam angegriffen werden. Wenn wir den Ausdruck „Militarismus“ gebrauchen, um nicht die Existenz einer großen Armee, sondern das Vorhandensein eines kriegerischen Geistes zu bezeichnen, so müssen wir unbedingt zugeben, daß die öffentliche Meinung in Frankreich seit Jahrzehnten in höherem Grade militaristisch war als in Deutschland. Letzteres hat kein Verlangen getragen, Frankreich anzugreifen, wohingegen der Franzose mit dem Gedanken einer mit Hilfe Rußlands auszuführenden Rache genährt und auferzogen wurde.

Wie verhält es sich schließlich mit dem englischen Militarismus? Es sei uns gestattet, ein neues Wort zu gebrauchen. Ein Mann kann zu seiner Verteidigung ein Messer, einen Revolver oder irgendeine andere Waffe gebrauchen, und er kann mit Fug und Recht als angriffslustig bezeichnet werden, wenn er seine Nachbarn, ob sie nun nahe oder entfernt sind, mit irgendeiner Waffe, die er für die passendste und wirksamste hält, überfällt. Die Engländer sind ein praktisches Volk, und sie haben sich in überreichem Maße mit den Waffen versehen, die sich ihnen am zweckmäßigsten erweisen; mit anderen Worten: England hat, und zwar schon seit Generationen, einen Marinismus entwickelt, den keine andere Nation kennt. Wir alle sind daran so gewöhnt, daß es kaum ein Befremden hervorruft, selbst bei denjenigen, die gegen den Militarismus losdonnern. Daß eine kleine Insel an der Küste Europas imstande ist, große Völker Asiens zu beherrschen, und im Bunde mit einer asiatischen Macht, die in den letzten Jahren ebenfalls sich zum Marinismus bekannt hat, anderen Nationen die Bedingungen diktiert, unter denen man leben und im Atlantischen Ozean Handel treiben darf, scheint als Selbstverständlichkeit hingenommen zu werden. Ich glaube, daß kein vernünftiger Mensch behaupten wird, daß ein Marinismus sich vom Militarismus in irgend etwas anderem als in seinem Verteidigungsmittel unterscheidet. Das britische Reich erstand nicht mit Hilfe einer Flotte, die sich darauf beschränkte, die Küste Englands abzupatrouillieren, noch auch gewannen die Japaner Korea, indem sie zu Hause blieben und ihre eigenen Häfen verteidigten. Tatsächlich ist keine Nation so militaristisch, wie Großbritannien marinistisch ist. Keine Nation verfolgt mit Überlegung das Ziel, eine Armee zu unterhalten, die um 10% größer ist als die Armeen von irgend zwei anderen Mächten.

Ich spreche von dem Militarismus der oben erwähnten Nationen keineswegs, um daran Kritik zu üben. Hier handelt es sich für mich nicht darum, meine Meinung über die Rüstungsfrage in günstigem oder ungünstigem Sinne zu äußern. Ich möchte nur die Tatsache betonen, daß der Militarismus oder sein Äquivalent keineswegs das ausschließliche Eigentum Deutschlands ist. Worin liegt denn die sonderbare Tatsache begründet, daß wir so viel mehr über den deutschen Militarismus hören als über denjenigen irgendeiner anderen Nation, und warum sollten gerade wir Amerikaner uns deshalb aufregen? Die besondere Form des Militarismus, die ich als Marinismus bezeichnet habe, bedroht uns weit mehr in unserer isolierten Stellung als der Landmilitarismus, der in so vielen europäischen Ländern herrscht.

Warum redet man vom „deutschen" Militarismus?

Drei Gründe scheinen, soweit ich sehen kann, daran schuld zu sein, daß man von dem Militarismus immer in einer Weise spricht, als ob er das Warenzeichen „made in Germany" trüge. Der erste Grund ist, daß Deutschland eine junge Nation ist und infolge seiner Einheit sich zu großer Macht entfaltet hat. Das Land hat sich wie unser großes Land in günstiger Weise entwickelt. Niemand in Europa hat sich bis jetzt an den Gedanken der deutschen Herrschaft in irgendeinem Gebiete gewöhnen können. Seit Hunderten von Jahren haben sich die Menschen mit Begriffen wie britische Einflußsphären, britische Schutzherrschaften usw. vertraut gemacht. Wenn Deutschland Gibraltar im Besitze hätte, so würde man das nicht nur als eine Bedrohung Spaniens sondern auch als eine unerträgliche Tyrannei an den Eingangstoren des Mittelmeeres empfinden. Wenn Deutschland Malta besetzte, so würde sich Italien außerordentlich benachteiligt und geschädigt fühlen. Wenn Deutschland sich herausgenommen hätte, Ägypten zunächst zu besetzen, um es hernach zu annektieren unter gleichzeitiger Besitzergreifung des Suezkanals, so würde dies schlimmer als ein an der Türkei begangenes Unrecht beurteilt werden. Man würde von einer eigennützigen Besetzung des öffentlichen Seewegs zwischen Europa und Asien sprechen. „Zur Sklaverei gewöhnt der Mensch sich leicht.“ Das, woran die Menschen gewöhnt sind, erscheint ihnen selten als Bürde, und die Erhebung der deutschen Nation ist eine Tatsache, mit der sich Europa bislang noch nicht vertraut machen konnte. Ich glaube, daß die Vermehrung des Wohlstandes, der Macht und des Einflusses unserer Vereinigten Staaten während der letzten Generation in Europa dieselben Gefühle ausgelöst hat wie das Aufstreben Deutschlands. Da es indessen ziemlich hoffnungslos erscheint, einem Lande von unserer Größe und unserer Lage etwas anzuhaben, so muß man sich mit der Situation abfinden, so gut es eben geht.

Der zweite Grund, den Militarismus als eine spezifisch deutsche Erscheinung zu bezeichnen, liegt in der wunderbaren Organisation und großen Stoßkraft des deutschen Heeres. Die Größe der Streitkräfte hat wenig damit zu tun. Wie hervorgehoben wurde, ist das russische Heer bedeutend größer, aber es ermangelt, wie fast alles in Rußland, durchaus der Stoßkraft. Deshalb hören wir so wenig von dem russischen Militarismus, und niemanden fällt es ein, eine Propaganda einzuleiten, um die Russen von ihrem „Joch“ zu erleichtern. Aber wenn die deutsche Gründlichkeit dazu berechtigt, dem Militarismus das Prädikat deutsch zu geben, so hätte man das Recht, eine Menge anderer Dinge als spezifisch deutsch zu bezeichnen; denn dieselbe Gründlichkeit zeigt sich auch anderswo. Sie tritt hervor im Ackerbau, in der Forstwirtschaft, in der chemischen Industrie, in der Organisation der Erziehung, in der sozialen Gesetzgebung und in der Städteverwaltung. Sind alle diese Dinge spezifisch deutsch?

Der dritte und letzte Grund, daß von dem deutschen Militarismus so viel die Rede ist, ist wohl darin zu suchen, daß Deutschland innerhalb der letzten Jahrzehnte eine Flotte erbaut hat. Es ist nicht eine Flotte von überwältigender Größe, aber sie ist, ebenso wie die Armee, schlagkräftig. So wie sie ist, hat sie den Nachbarn der Deutschen jenseits der Nordsee nicht wenig Furcht eingeflößt. Seit Generationen fühlte sich dieser Nachbar in dem unbestrittenen Besitz der Beherrschung der Wasserwege der Welt. Eine Wolke, die kaum größer war als eines Mannes Hand, erschien am Horizonte, und die Erregung war da. Auf Grund meiner Reisen in den verschiedenen europäischen Ländern, meiner Unterhaltungen mit Europäern verschiedener Nationalität und meines Studiums der europäischen Zeitungen bin ich geneigt, anzunehmen, daß dieser dritte und letzte Grund zum nicht geringen Teil dafür verantwortlich zu machen ist, wenn der deutsche Militarismus die öffentliche Aufmerksamkeit auf sich gelenkt hat.

Zusammenfassung.

Wir sehen also, daß das deutsche Heer eigentlich ein Bürgerheer ist, da die Zahl der Berufssoldaten eine verhältnismäßig geringe ist. Das „Volk in Waffen" ist *nicht* ein Volk in Waffen, sondern ein Volk, das dazu erzogen ist, in Zeiten der Not die Waffen zu ergreifen. Zweifellos ist es eine Bürde für die Nation, von den tauglichen Staatsbürgern eine so lange Dienstpflicht zu fordern, und ich glaube, daß kein vernünftiger Deutscher versuchen würde, diese Last anders als mit Gründen der Notwendigkeit zu verteidigen. Es ist indessen keine Bürde, welche die wirtschaftliche Wohlfahrt Deutschlands ernstlich gefährdet zu haben scheint.

Die Soldaten, die wir in Deutschland sehen, sind keine Berufssoldaten. Sie werden binnen kurzem in ihre Heimat zurückkehren, um den friedlichen Beschäftigungen nachzugehen, die ihr Leben ausfüllen. Der eigentliche Beruf Deutschlands besteht nicht darin, Krieg zu führen. Seine Aufmerksamkeit richtet sich auf Landwirtschaft, Handel, Erziehung, Wissenschaft, Literatur, Musik, Malerei und vor allem auch auf den Ausbau einer sozialen Organisation, die den großen Massen der Nation den Genuß derjenigen Güter sichert, die in den meisten der als zivilisiert geltenden Länder das Vorrecht einiger weniger sind.

Wenn dies seine eigentliche Aufgabe ist, war Deutschland außerordentlich erfolgreich. Diese Aufgabe ist von seinen Bürgersoldaten ausgeführt worden. Es ist nicht leicht, in Deutschland die Linie zwischen denjenigen, die mit der Armee in Beziehung stehen, und anderen, bei denen das nicht der Fall ist, zu ziehen. In gewisser Beziehung gehören fast alle tauglichen Männer zu der Armee, vorausgesetzt, daß sie nicht zu jung noch zu alt sind. Aber das hält sie nicht ab, zu gleicher Zeit Bürger zu sein und mit dem Fleiß und der Gründlichkeit, die für die Deutschen charakteristisch sind, ihre Arbeit als Bürger zu tun.

Doch setzen die meisten einen gewissen Stolz darin, mit der Armee in Verbindung zu stehen. Die Meinungen sind in Deutschland natürlich geteilt, genau so, wie das bei uns der Fall ist. Aber die große Masse der Deutschen betrachtet ihre Armee als eine Notwendigkeit, und letztere ist deshalb nicht unbeliebt. Indessen weist der Deutsche mit gutem Recht die Unterstellung zurück, daß der Militarismus spezifisch deutsch ist und daß seine

Landsleute von Natur aus angriffslustig und beutegierig sind. Der Deutsche ist ein guter Soldat, wenn es darauf ankommt, aber er bewährt sich ebensogut als Schreiber oder als Professor. Dem Fremden fällt auf, daß er seine Mußestunden mit den harmlosesten Vergnügungen ausfüllt: er hört Musik, macht Ausflüge ins Land und füttert die Vögel. Dies sind nicht die Beschäftigungen eines berufsmäßigen Kriegers.

5. Kapitel.

Vorteile und Nachteile des Militarismus.

Es ist unbestreitbar ein Verlust, Zeit und Geld für nutzlose Dinge auszugeben. Männer aller Nationen und aller Klassen machen die ernstesten Anstrengungen, um sich jene Güter zu sichern, die sie am meisten benötigen. Der Amerikaner, der Deutschland zum ersten Male besucht, ist erstaunt über die Leichtigkeit, mit der der Kellner in einem Hotel oder Restaurant eine Reihe von Sprachen spricht, die ihm selbst durchaus unbekannt sind oder die er mit unendlicher Mühe und der Hilfe von Lehrern ziemlich stümperhaft zu sprechen gelernt hat. Das kommt daher, weil seine Lebensverhältnisse dem Kellner die Pflicht auferlegen, mit Leuten der verschiedenen Nationen in ihrer Sprache zu sprechen; er reist von Land zu Land, um, sich mühselig durchschlagend, das zu lernen, was zu seinem Berufe gehört. Uns erscheint es als ein Vorzug vornehmer Bildung, mehrere Sprachen sprechen zu können. Wir erblicken darin weder eine Lebensnotwendigkeit, noch auch eine große Bequemlichkeit, noch auch einen großen Vorteil. Diejenigen, die in der Lage sind, sich solche Vorzüge leisten zu können, mögen sie zu erwerben suchen. Unsere Welt spricht Englisch, und die Minderheit, deren Muttersprache eine andere ist, muß sich nach unserer Bequemlichkeit richten.

So ist es in jedem Feld menschlicher Betätigung. Das Maß der Anstrengung, das man für der Mühe wert hält, auf ein Ding zu verwenden, muß bemessen werden nach dem Vorteil, den man erwartet, oder nach den Nachteilen, die man abwenden möchte. Ein Übermaß von Anstrengung ist eine ungerechtfertigte Ausgabe, während ein Mangel an Bemühung einen Verlust im Gefolge hat, der in keinem Verhältnis zu dem unmittelbaren Gewinn, den man erreicht hat, steht. Gewiß kann irgendein Mann sich verrechnen und trotz seiner besten Anstrengungen einen Verlust zu buchen genötigt sein. Die Frage, wie wir uns innerlich zu seiner Rechnung stellen, wird dadurch nicht berührt.

Militarismus in Deutschland und Amerika.

Wir Amerikaner haben viel von der Last des deutschen Militarismus gehört. Man hat uns erzählt, daß er eine zermalmende Bürde für Deutschland ist, und wir haben von verschiedenen Seiten gehört, daß er die europäische Zivilisation bedroht. Was das Wort in Wirklichkeit bedeutet, davon haben die meisten von uns keinen klaren Begriff; denn wir sind, wie das nicht anders sein kann, unvollkommen mit den Verhältnissen vertraut, die in Europa vorherrschen. Wir leben unter so ganz anders gearteten Umständen, daß es schwierig für uns ist, die Bedeutung selbst der Tatsachen, die uns wahrheitsgemäß vor Augen gestellt werden, zu erkennen. Dazu kommt, daß die Tatsachen uns eben nicht immer wahrheitsgemäß mitgeteilt werden. Läßt sich der Militarismus in Deutschland überhaupt rechtfertigen?

Warum sollte er nicht, wenn er schon existiert, eine vorübergehende Erscheinung sein, wie das bei uns der Fall ist? In Amerika erleben wir gelegentliche Anfälle von Militarismus, z. B. zur Zeit des spanisch-amerikanischen Krieges, oder wenn von einem möglichen Kriege mit Mexiko oder mit Japan die Rede ist. Aber der Militarismus als eine dauernde Einrichtung ist bei uns unbekannt, und wenn er in der großen Republik nicht anzutreffen ist, warum sollte er in Deutschland existieren? Der Amerikaner, der mit Deutschland nicht näher bekannt ist und der die besondere Lage Deutschlands nicht begreift, kann keine Antwort auf diese Frage geben. Eine Antwort ist indessen unschwer zu finden.

Der militärische Geist in Deutschland.

Wenn ich den militärischen Geist in Deutschland schildere, so sei mir gestattet, auf einige Arbeiten zurückzugreifen, die ich vor einigen Monaten drucken ließ. Eine weitere Erfahrung hat die Eindrücke, die ich darin wiedergab, nur bestätigt. Die Deutschen sind ein friedliebendes Volk. Die Amerikaner wissen, daß kein Teil in unserer Bevölkerung fleißiger ist, daß keines mehr auf Ordnung und Gesetz achtet als gerade das deutsche Element. Der Deutsche hierzulande hat dieselben Eigenschaften. In dem Lande herrscht Ordnung, und die Bevölkerung ist aufgeklärt. Sie hat gelernt zu gehorchen und das Gesetz zu achten. Niemand, der unter den Deutschen lebt und sie wirklich kennen gelernt hat, wird behaupten wollen, daß man es mit einem angriffslustigen und beutegierigen Volke zu tun hat, und diejenigen, die, wie ich, im August des Jahres 1914 in Deutschland waren und sich während der Mobilmachungswochen, als die öffentliche Erregung auf dem Gipfelpunkt war, frei unter die Leute der Straße mischten, haben nur Worte der Bewunderung über den unvergleichlichen Mut, den ein so friedfertiges und in Selbstbeschränkung so tüchtiges Volk seitdem gezeigt hat. Dieser Mut hat Festungen gestürmt, Siege zu Lande und Wasser erfochten und die Bewunderung aller derer wachgerufen, denen die Tatsachen nicht verheimlicht wurden. Aber dieses ordnungs- und friedliebende Volk, das nicht nur den Frieden geliebt, sondern länger als 40 Jahre den Frieden bewahrt hat, während andere Nationen Kriege führten, ein Volk, das den Künsten des Friedens sich widmend zu außerordentlichem Reichtum und Wohlstand gelangt ist, dieses Volk hat gleichzeitig die große Masse seiner männlichen Bevölkerung für den Krieg im Falle der Not vorbereitet und eine furchtbare Flotte ins Leben gerufen. Schließlich ist es in den Krieg gezogen gegen eine überwältigende Übermacht, und die Begeisterung ergriff nicht bloß eine Klasse, sondern die ganze Nation. Weder der Kaiser noch die Regierung noch die Offiziere in Heer und Flotte können für die Stimmung verantwortlich gemacht werden, welche dieser Bewegung in Deutschland das Gepräge einer nationalen Erhebung gab. Selbst die Sozialdemokraten und Leute mit ähnlicher Sinnesart, die niemals der Servilität gegen Kaiser oder Regierung bezichtigt worden sind, noch auch der geringsten Schwäche gegenüber Flotte und Heer sich verdächtig gemacht haben, standen wie ein Mann zu ihrem Volkstum; sie fochten tapfer und standen ohne ein Wort der Klage an der Front. In den letzten 8 Monaten habe ich nicht einen Deutschen, von der höchsten bis zu der niedrigsten Volksklasse, gefunden, der nicht mit Herz und Seele für den Krieg begeistert war. Ich habe keine Klagen aus dem Munde derjenigen vernommen, die ihre Söhne zu der Front schickten, und kein Wort der Verurteilung ihres Landes von denjenigen, deren Angehörige gefallen sind, und ich kenne ihrer viele.

Eine seltsame Erscheinung in einem friedliebenden und gewerbefleißigen Volke, einem Volke, das Wissenschaft und Kunst mit demselben Eifer pflegt wie seine industriellen Ziele, ein zivilisiertes Volk, das nicht in einem Zustand der Barbarei lebt und trotzdem den Krieg eher als einen Zeitvertreib denn als ein Unglück betrachtet. Dem Amerikaner, der sich nicht selbst an die Stelle der Deutschen versetzen kann, ist dies eine unerklärliche Erscheinung. Was trieb die Deutschen, den Krieg in einem so großartigen Maßstab vorzubereiten? Was trieb sie, selbst gegen eine Welt in Waffen zu kämpfen und alles, was sie hatten, in diesem gigantischen Kampf aufs Spiel zu setzen?

Die wirkliche Lage der Deutschen.

Ich möchte dem Amerikaner helfen, sich in die Lage der Deutschen zu versetzen. Wir Amerikaner bewohnen ein Land, das mehr als vier Fünftel des Gesamtumfanges von Europa einschließlich Rußland umfaßt. Es ist 15 mal so groß als das Deutsche Reich und hat nur etwa 100 Millionen Einwohner, so daß wir uns in der Lage einer Familie befinden, die sich ausbreitend nach und nach in ein großes und wohl eingerichtetes Haus hineinwächst. Der Gedanke ist uns ferne, daß unsere nahen und entfernten Nachbarn uns ernstlich gefährden können. Wer könnte uns mit irgendeiner Hoffnung auf Erfolg überfallen? Wer könnte unsere nationale Existenz bedrohen, uns unterwerfen oder uns in ein der Unterjochung ähnliches Verhältnis zwingen? Im Norden von uns liegt Kanada, ein leeres Haus, ein Land mit nur 7 Millionen Einwohnern, die uns, selbst wenn sie es wollten, nichts anzutun vermöchten. Im Süden liegt Mexiko, das allerdings Unruhen innerhalb seiner eigenen Grenzen anstiften und die Kapitalanlagen einiger Amerikaner in Mißkredit bringen kann, das aber schließlich den Amerikanern nicht gefährlicher zu werden vermag als etwa eine widerspenstige Klasse einer Schule. Im Osten und Westen haben wir das breite Meer. Japan könnte Streit mit uns anfangen und unserem auswärtigen Handel einigen Schaden zufügen; aber Japan ist weit von uns entfernt, und wir wissen sehr wohl, daß es zu arm ist und auch auf lange hinaus noch zu arm bleiben wird, um einen länger andauernden Krieg zu führen. Im besten Falle kann uns Japan höchstens einigen Verdruß verursachen. Daß die europäischen Staaten einzeln oder vereint uns zerschmettern würden, ist eine Unmöglichkeit, die zu ferne liegt, als daß wir in Wirklichkeit mit ihr rechnen dürfen. Ohne Bedenken schaffen wir uns ein Heer und eine Flotte, wie wir es für unsere Zwecke notwendig erachten. Auch fällt es uns nicht ein, die Erlaubnis irgendeiner anderen Macht einzuholen, um Heer und Flotte zu vergrößern. Warum sollte Mr. Carnegie sein Haus mit Brot füllen als Vorsichtsmaßregel gegen eine mögliche Hungersnot im Staate New York? Warum sollte Mr. Rockefeller Geld und Silbermünzen in einem Strumpfe sammeln, um sie in einer Matratze zu verbergen? Den Besitzer einer Nebraskafarm, der sich ein seetüchtiges Boot bauen würde, um für alle Notfälle gewappnet zu sein, würden wir für verrückt erklären. Wir Amerikaner tun das, was uns unter den herrschenden Umständen als klug und praktisch erscheint, und wir bedürfen einer deutschen Armee ebensowenig, als ein Quäker aus Philadelphia bei seiner Jahresversammlung einen Revolver nötig hat. Was uns indessen als wirklich notwendig erscheint, das suchen wir mit aller Energie zu erreichen.

Aber setzen wir einmal den Fall, daß unser Gebiet nicht zu groß wäre, um von einem Feinde überschwemmt zu werden. Nehmen wir an, daß wir im Norden ein großes Land hätten mit einer zahlreichen Bevölkerung von mehr als 100 Millionen unter einer autokratischen Regierung, die sich selbst in Friedenszeiten einer ungeheuren Armee rühmen könnte. Nehmen wir an, daß dieses Land seit manchen Jahrzehnten in ruhelosem Eifer seine Grenzen auf Kosten seiner Nachbarn erweitert hätte, wenn diese Nachbarn zu schwach waren, dem Angriff zu widerstehen. Nehmen wir an, daß die Bevölkerung dieses Landes, auf einer weit niedrigeren Kulturstufe als unsere eigene stehend, in der Tat so rückständig wäre, daß die überwältigende Majorität unter Umständen leben müßte, die halbzivilisierten Leuten als ein Zustand schauderhaften Elends erscheinen würde, in Unwissenheit, Dummheit und Trägheit, als ein Werkzeug in der Hand der regierenden Klasse, die am wenigsten von dem sich häufenden Elend, das der Kriegszustand im Gefolge hat, betroffen werden würde. Nehmen wir an, wir wären informiert, daß dieser unser Nachbar schon seit geraumer Zeit Truppen an seinen Grenzen angesammelt hätte, unter Umständen, die nur als Drohung ausgelegt werden könnten.

Laßt uns weiterhin annehmen, daß wir im Süden nicht Mexiko hätten, sondern eine reiche, mit großen

Hilfsquellen ausgestattete und hoch entwickelte Nation mit 40 Millionen Einwohnern, zugleich mit einer Armee, die furchtbar, wohl geschult und mit allem, was zur erfolgreichen Kriegsführung nötig ist, trefflich ausgerüstet wäre. Laßt uns annehmen, diese Nation hätte seit 40 Jahren kein Geheimnis daraus gemacht, die bittersten Haßgefühle gegen uns zu nähren, um auf den Tag der Rache zu warten. Nehmen wir an, daß sie in engen Beziehungen mit der oben geschilderten Macht stünde, wie auch mit einer dritten Macht, von der weiter unten noch die Rede sein wird, so daß wir allen Grund hätten zu befürchten, daß sie gemeinsam an unserer Zerstörung arbeiten würden.

Nun laßt uns unsere Hypothesen auch auf diese dritte Macht ausdehnen. Angenommen, wir hätten nicht das breite Meer an unserer Ost- und Westgrenze, durch das uns die Handelswege der Welt offen stehen, sondern eine dritte Macht in geographisch so glücklicher Lage, daß sie von der Landseite unangreifbar wäre und zugleich unsere einzigen Ausgänge nach der Seite direkt in der Gewalt hätte. Angenommen, unser überseeischer Handel wäre für unsere Wohlfahrt wichtiger, als er tatsächlich ist, und unser Wohlstand beruhte zum großen Teile auf unserem Außenhandel; angenommen, daß die fragliche dritte Macht reich genug wäre, um eine Flotte zu unterhalten, die der unseren und derjenigen irgendeiner anderen Macht, mit der wir ein Bündnis schließen könnten, gleichkäme und daß sie öffentlichen Anspruch darauf erheben würde, die Beherrschung der Meere durch Aufrechterhaltung dieses Stärkeverhältnisses in der Hand zu behalten. Angenommen, daß die Seeherrschaft dieser Macht ihr die Mittel in die Hand gäbe, die Seekabel zu durchschneiden, um nur jene Nachrichten über unser und anderer Nationen Tun durchzulassen, die ihrer Politik dienlich schienen. Angenommen, diese Macht wäre zu einem Einverständnis gelangt mit den beiden oben beschriebenen Nationen, so daß wir befürchten müßten, sie würde sich einem gemeinsamen Angriff gegen uns anschließen.

Die deutsche Verteidigung des Militarismus.

Wie würden wir Amerikaner uns mit solcher Lage abfinden? Ich kenne meine Amerikaner. Ich habe den spanischen Krieg mit erlebt, habe gesehen, wie unsere Universitäten leer wurden und wie Professoren und Studenten zu den Fahnen eilten, um für ihr Vaterland zu kämpfen. Und doch war der spanische Krieg für Amerika eine durchaus unwichtige Angelegenheit. Spanien war ebensowenig imstande, die Vereinigten Staaten zu vernichten und zur wirklichen Unterwerfung zu zwingen, als es vermocht hätte, den Mond in seiner Bahn aufzuhalten. Wäre unser Land wirklich in Gefahr, oder würden wir auch nur glauben, daß dies der Fall sei, was würden die Vereinigten Staaten tun? Würden wir friedlich und geduldig sein? Ängstlich geneigt, Zugeständnisse zu machen, gewillt, von unseren Gebieten etwas abzutreten oder uns zu Einschränkungen in unserer Heeres- und Flottenmacht zwingen zu lassen? Würden wir demütig uns bereit erklären, aus dem Wettlaufe um industrielle Erfolge auszuscheiden oder von einer anderen Macht die Zulassung zu den Welthandelswegen zu erbetteln? Ich kenne meine Amerikaner, und Fragen dieser Art berühren mich äußerst humoristisch. Wenn die Deutschen ihren Militarismus verteidigen — übrigens verabscheuen sie das Wort, denn sie erheben Anspruch darauf, ein friedfertiges Volk zu sein, das nur gezwungen die Waffen zur Selbstverteidigung ergreift—, wenn also die Deutschen ihren Militarismus verteidigen, so argumentieren sie genau, wie wir Amerikaner in gleicher Lage argumentieren würden. Diejenigen unter uns, die mit gebildeten und aufgeklärten Deutschen in Berührung kommen, haben sie wohl mit folgenden Gründen sich verteidigen hören: „Warum mutet man gerade uns vor allen anderen Völkern zu, uns der Mittel unserer Verteidigung zu berauben, die uns so wesentlich für unsere Wohlfahrt, ja selbst für unsere nationale Existenz scheinen? Wir haben hinreichend Beweise dafür gegeben, daß wir nur den Wunsch hegen, friedlich unserer Arbeit nachzugehen. Aber unser großer Nachbar im Norden ist nicht so zivilisiert, daß er einen Kriegszustand verabscheut. Tatsächlich befindet er sich immer mit irgend jemand im Kriege, und das Land ist eine ständige Bedrohung für uns. Unser Nachbar im Westen ist zivilisiert. Aber er ist verbittert und hat seit Generationen kein Geheimnis aus seiner feindseligen Absicht gemacht. Eine Privatperson, die zwischen zwei feindlich gesinnten Familien lebt, kann sich an die Polizei wenden, um letztere in Ordnung zu halten. Aber wo ist die Polizei, an die sich Deutschland wenden kann, um Rußland zur Zivilisation und Frankreich zum Frieden zu zwingen? Bis jetzt existiert keine Polizei dieser Art. Überdies darf man nicht außer acht lassen, daß der wirkliche Grund für all den Lärm über unseren Militarismus nicht daher kommt, daß wir eine Armee unterhalten, sondern vielmehr daher, daß wir eine Flotte erbaut haben. Eine Nation, die nicht bedroht ist wie wir und die bis jetzt nur eine Armee benötigte, um die Völker, die sie in verschiedenen Teilen der Erde unterwarf, in Schach zu halten, hat die Welt mit Geschrei erfüllt, weil wir eine Flotte erbaut haben, die halb so groß ist wie die ihrige. Sie möchte es verhindern, daß andere Nationen auf dem Weltmeere hin und her fahren, denn sie betrachtet die See als ihr Eigentum. Uns Deutschen ist es absolut unverständlich, wie man beweisen will, daß der englische Handel von einer englischen Flotte geschützt werden muß, daß aber der deutsche Handel eines Schutzes durch eine deutsche Flotte gar nicht bedarf.

Zuguterletzt bitten wir Sie nicht zu vergessen, daß derjenige, für den der Frieden besonders nutzbringend ist, sicherlich nicht nach Vorwänden suchen wird, um den Frieden zu verletzen. Während der letzten 40 Jahre hat sich Deutschland außerordentlich glücklich entwickelt. Die Deutschen scheinen kraft ihres Fleißes und ihrer Intelligenz besonders berufen zu sein, auf dem Wege friedlichen Wettbewerbes zu Erfolgen zu gelangen. Würde es uns jemals beikommen, den undenkbaren Versuch zu unternehmen, Rußland zu erobern? Was Frankreich anbetrifft, so möchten wir die Franzosen gerne als Bundesgenossen gegen den unzivilisierten Osten an unserer Seite haben. Und warum sollte Deutschland England angreifen? Der deutsche Handel hat, wie die Dinge nun einmal liegen, sich demjenigen Englands mit Riesenschritten genähert, und die Deutschen würden nichts lieber sehen als eine Fortdauer solcher friedlichen Verhältnisse. Der Frieden scheint für andere Nationen nicht in gleicher Weise nutzbringend zu sein, und das ist die wirkliche Ursache des gegenwärtigen fürchterlichen Krieges. Der Krieg ist für uns ebensosehr eine Geißel wie für andere Nationen. Aber wir kennen noch etwas Schlimmeres, das wäre die Überantwortung Deutschlands in die Hände derjenigen, die es zu ihrem eigenen Vorteile vernichten möchten."

Mit anderen Worten: Wenn die Deutschen ihren Militarismus verteidigen, so heben sie hervor, daß sie seit nahezu einem halben Jahrhundert eine kriegstüchtige Armee lediglich zu Defensivzwecken unterhalten, und daß sie keine Neigung spüren, sich an den Gebieten ihrer Nachbarn zu vergreifen. Sie betonen, daß das moderne Deutschland eine handeltreibende Nation ist, Interessen in den verschiedensten Teilen der Erde hat und deshalb vielleicht mehr als eine andere Nation einer Flotte bedarf. Sie finden es unerträglich, daß eine Nation von 70 Millionen, die wichtige Handelsinteressen zu schützen hat, auf die Erlaubnis einer kleinen Nation angewiesen sein sollte, um in dem englischen Kanal aus- und einzufahren. Sie sagen, daß wir Amerikaner, die ein besonders praktisches Volk sind, es der Mühe wert gehalten haben, eine außerordentlich gewaltige Flotte zu bauen, trotzdem niemand daran denkt, daß wir ausgehungert und zur Unterwerfung gezwungen werden könnten, selbst wenn wir von der übrigen Welt vollkommen abgeschnitten würden. Es ist nicht für jedermann ohne weiteres klar, daß Deutschland sich behaupten könnte, wenn ihm jeder Zugang zur See abgeschnitten wäre.

Wenn irgendein Deutscher bis jetzt noch im Zweifel darüber gewesen wäre, ob sich sein Vaterland in betreff seines Zuganges zur See ruhig auf den guten Willen irgendeiner anderen Nation hätte verlassen können, so ist dieser Zweifel in letzter Zeit gründlich beseitigt worden. Im Februar 1915 wurde mir auf eine ganz besondere Weise zu Gemüte geführt, wie wichtig es für Deutschland ist, einen freien Verkehr mit dem Auslande zu unterhalten. Die Erfahrung machte mir tieferen Eindruck als selbst die Vorsichtsmaßregeln, welche die Reichsregierung zu ergreifen gezwungen war, um die Brotversorgung ihrer Untertanen sicherzustellen. Als Vorstandsmitglied des Hospitals, das von dem amerikanischen Roten Kreuz in München unterhalten wird, empfing ich einen Brief, der mich darüber aufklärte, daß das amerikanische Rote Kreuz in Washington nicht imstande war, die von uns geforderten Artikel zu senden, ohne die Erlaubnis der englischen Gesandtschaft in Washington. Die Deutschen müssen gegenüber einer solchen Situation ungefähr so empfinden, wie es bei uns der Fall wäre, wenn wir, in einen verzweifelten Kampf verwickelt, Haufen von Verwundeten zu pflegen hätten und, um Medikamente und Verbandzeug zu erhalten, uns auf die Gutwilligkeit des japanischen Gesandten in London angewiesen sähen

Unter den obwaltenden Umständen hatte Deutschland gewichtige Gründe, eine starke Armee zu unterhalten. Diese Gründe würden ganz von selbst in Wegfall kommen, wenn Deutschland dieselbe Lage wie Amerika hätte. Aber Deutschland hat eben eine andere Lage, und die Deutschen scheinen mindestens ebenso gebieterische Gründe zu haben, eine Flotte zu bauen, die ihnen den freien Zugang zur See sichert. Heer und Flotte scheinen notwendig zu sein, wenn Deutschland eine freie und unabhängige Nation bleiben will. Ob es wünschenswert ist oder nicht, daß es eine freie und unabhängige Nation bleibt, ist eine Frage, die je nach dem Standpunkt, den man einnimmt, verschieden beantwortet werden kann. Wenn wir Amerikaner selbst die fragliche Nation wären, so würden wir die Frage für ganz und gar undiskutierbar halten.

Die Kosten der Einheit.

Wir Amerikaner brachten in den Jahren 1861 bis 1865 schwere Opfer, um eine einheitliche Nation zu bleiben. Das geschäftliche Leben war lahmgelegt, Männer wurden ihren gewohnten friedfertigen Berufen entrissen, Gut- und Blutopfer wurden unaufhörlich gebracht. Es gibt jetzt nur noch wenige Amerikaner, die der Ansicht sind, daß der Gewinn der Opfer nicht wert war.

Die Deutschen wissen, daß sie während der langen Friedenszeit von 1871 bis 1914 für das kostbare Gut ihrer Reichseinheit schwere Opfer zu bringen hatten. Die große Menge der tauglichen jungen Männer ihres Volkstums war genötigt, ihren friedlichen Beruf auf 1 bis 3 Jahre zu unterbrechen. Eine gewisse Anzahl von Leuten mußte ihr ganzes Leben dem Kriegshandwerk widmen; und die direkten Ausgaben für den Unterhalt des Reiches sind größer gewesen, als man zuerst gedacht hat. Obgleich Heer und Flotte unverhältnismäßig weniger Kosten verursacht haben, als in einigen Nachbarstaaten aufgebracht werden mußten, waren die Summen nichtsdestoweniger bedeutend, und diese Summen sind aus den Taschen der Steuerzahler geflossen. Man hat sich ernsthaft gefragt, ob diese Kosten nicht vernünftigerweise bedeutend eingeschränkt werden könnten. Einige haben drastischen Reformen und einer allgemeinen Verminderung der Ausgaben das Wort geredet.

Die Kosten der Uneinigkeit.

Warum könnte sich die deutschen Staaten nicht mit einer loseren Einheit zufrieden geben, wenn sie überhaupt verbunden bleiben wollen? Warum mußten sie diese Reichsbürde auf sich nehmen und sich in ungeheure Kosten stürzen, um ihren Staatenbund zu Wasser und zu Land gegen Angriffe sicherzustellen?

Auf diese Frage gibt uns die Geschichte Deutschlands mehr als genügend Antwort. Wir Amerikaner sind glücklicher daran. Wir haben auf keine so traurige und demütigende Vergangenheit zurückzublicken.

Das alte Reich, obgleich es formell im Jahre 1804 aufgelöst wurde, war seit Jahrhunderten kaum mehr als ein verehrungswürdiger Schatten. Seine gichtbrüchige Hand erstreckte sich über etwa 300 Herrschaften, die es weder kontrollieren noch auch schützen konnte. Ein deutsches Fürstenhaus führte Krieg gegen ein anderes, und es war das Geschäft fremder Herrscher, Zwistigkeiten zwischen den deutschen Staaten zu nähren, um dadurch zu profitieren. Deutschland hat mehr als irgendein anderes Land unter räuberischen Überfällen gelitten. Irgendeine Entschuldigung war hinreichend, um Anlaß zu Unruhen zu geben — der Ehrgeiz eines Fürsten, Beutelust oder die ausgesprochene Absicht, die Interessen irgendeiner religiösen Gemeinschaft zu vertreten. Beim Ausbruch des 30 jährigen Krieges, der — wenigstens in seinem letzten Stadium — hauptsächlich von undisziplinierten Banden um der Plünderung willen geführt wurde, hatte Deutschland 20 Millionen Einwohner. Während des mit unerhörter Grausamkeit geführten Krieges schrumpfte die Bevölkerung auf ungefähr ein Viertel jener Zahl zusammen. Es war die Herrschaft der Anarchie. Verhungernde Menschen wurden zum Kannibalismus zurückgeführt. Die Zivilisation wurde zerstört. Die Duodezfürsten zögerten nicht, die Hilflosigkeit ihrer Untertanen auszunutzen, und ihre Herrschaft wurde immer unumschränkter. Solche Bilder sind zu traurig, um sie weiter auszumalen. Aber sie sind in das Gedächtnis der Deutschen eingebrannt, und lange nach dieser traurigen Epoche blieb Deutschland zersplittert, hilflos und ein Opfer der Erniedrigung. Die neue Verfassung Deutschlands, wie sie nach dem Falle Napoleons durch den Wiener Kongreß im Jahre 1815 bestimmt wurde, räumte mit der Mehrzahl der nach Hunderten zählenden kleinen Herrschaften auf. Kaum mehr als ein Zehntel derselben blieb bestehen. Nur eine mäßige Anzahl von Staaten behielt verfassungsmäßige Rechte. Aber weder damals noch lange Jahre hernach erreichte Deutschland eine wirkliche Einheit und Unabhängigkeit. Für die überwältigende Mehrheit der Deutschen wurde diese Einheit erst im Jahre 1871 mit der Gründung des jetzigen Reiches erworben. Die Nachteile der Zersplitterung waren Jahrhunderte lang erduldet worden. Zu gewissen Zeiten waren sie absolut unerträglich und führten, wie wir gesehen haben, zu unbeschreiblichem Elend. In anderen Epochen zeigen sich die Nachteile nur in politischer Erniedrigung, in der Unterordnung der deutschen Interessen unter diejenigen fremder Mächte sowie in großen wirtschaftlichen Schäden. Bis vor kurzem hat Deutschland als ein armes Land gegolten, tatsächlich ist es ein armes Land gewesen. Aber seine Armut beruhte in der Hauptsache auf politischen und nicht auf eigentlich wirtschaftlichen Gründen.

Was würde aus dem ungeheuren Binnenhandel unserer 48 Staaten werden, wenn sich die Vereinigten Staaten (Union) in 300 tatsächlich unabhängige Herrschaften auflösten, die eifersüchtig aufeinander ohne gegenseitige Rücksichtnahme ihre Angelegenheiten ordnen würden? Was würde aus der Union werden, beständen wir, wie Deutschland im Jahre 1815, aus 39 so lose verbundenen Staaten, daß sie nicht eigentlich eine Nation, sondern einen schwachen Bund mit mehr als einem Schwerpunkt bilden würden, unfähig einer geschlossenen Handlung für das gemeinsame Interesse? Welche Aussichten würden wir, von mächtigen Nachbarn umgeben, haben, wenn die schwachen uns verknüpfenden wirtschaftlichen Bande schlaue Beobachter auf den Gedanken bringen würden, daß einzelne Staatengruppen von uns abfallen würden, um mit den Fremden gegen andere Gruppen zu kämpfen? Das war die Lage Deutschlands bis zum Jahre 1870. Trotz der deutschen Geschichte und ihrer nicht mißzuverstehenden Lehren, erwartete man von den Deutschen, daß sie sich gegen die Deutschen wenden und die Pläne anderer Völker fördern helfen würden.

Aber im Jahre 1871 schloß sich die Mehrheit der Deutschen zu einer Nation zusammen, indem sie die kriegerischen Interessen der Dynastien dem allgemeinen Wohl des deutschen Volkes unterordneten. Während die Deutschen früher zersplittert und schwach waren und von anderen Nationen mit gutmütiger Verachtung behandelt wurden, sind die Deutschen jetzt einig und mächtig geworden. Der Starke gebietet Achtung, und die Achtung ist zuweilen mit Furcht verbunden. Darauf mußte man sich gefaßt machen. Die Deutschen haben ihr Geburtsrecht viel später als andere Nationen erhalten; und man fragt sich mit einer gewissen Furcht, was sie mit diesem Geburtsrecht anfangen werden.

Die Vorteile der Einheit.

Die Einheit der deutschen Staaten wurde erst im Jahre 1871 erwirkt. Die Annahme der Verfassung war die Bürgschaft, nicht die Vollendung der wirklichen Einheit.

So war beispielsweise eine Reform der Gesetzgebung nötig. Fast ein halbes Hundert Gesetzbücher, Überbleibsel der Vergangenheit, waren in ebenso vielen Distrikten in Deutschland im Gebrauch, und die Grenzen dieser Distrikte fielen nicht einmal mit den politischen Grenzen zusammen.

Die Zersplitterung des Landes, das einst eine politische Einheit gewesen war, hatte dahin geführt, daß in irgendeinem Dorf oder einer Stadt Rechtsgebräuche herrschten, die in Widerspruch standen mit den Rechtsgebräuchen des Staates, zu dem die Ortschaften später gehörten. Endlose Verwirrung war die Folge, und die Deutschen als solche besaßen kein gemeinsames Recht. Die neue Bundesregierung bestimmte die Rechte, die für die Deutschen im ganzen Reiche unterschiedslos gelten sollten. Sie gab ein neues Bürgerliches Gesetzbuch sowie ein Strafgesetzbuch heraus, die für alle Staaten Gültigkeit hatten.

Gleichzeitig machte man sich an eine Neugestaltung des Münzwesens, dessen Reform eine gebieterische Notwendigkeit war. Im Jahre 1871 hatte Deutschland noch sieben verschiedene Münzsysteme. Auch die gesetzlichen Bestimmungen für das Bankwesen wurden reformiert. Die Eisenbahnen und die Wasserstraßen, welche die Nation besaß, wurden nun dem allgemeinen Wohle dienstbar gemacht. Hamburg und Bremen, jene beiden großen Häfen, die den ausländischen Handel Deutschlands bis zu einem gewissen Grade monopolisierten, wurden (am 1. Oktober 1888) dem Zoll- und Handelsgebiete des Deutschen Reiches eingefügt, was nicht allein für sie selbst sondern auch für das ganze Land von großem Vorteil war. Kurzum, alle alten Schranken zwischen den Einzelstaaten wurden niedergerissen, und die Erfolge entsprachen genau den Erwartungen. Deutschland wurde eine große Nation, nicht bloß auf industriellem sondern auch auf dem Handelsgebiete. Es ist keine arme Nation mehr, sondern hat sich zu außerordentlichem Wohlstande entwickelt. Deutschland begnügt sich nun nicht mehr mit der Herrschaft in den luftigen Regionen, d. h. mit seinen besonderen Leistungen in Philosophie, Poesie und Musik, obgleich immerhin anerkannt werden muß, daß seine materiellen Erfolge seine Leistungen auf dem Gebiete der Kunst und Wissenschaft nicht verringert haben. Die Nation macht überall, zu Wasser und zu Lande, Anspruch auf den ihr gebührenden Platz. Sie wünscht sich ihres materiellen Lohnes für ihre Geschicklichkeit und ihren Fleiß zu erfreuen. Sie hat sich mit Erfolg bemüht auf dem Gebiete der Künste des Friedens und verlangt nun ihren gerechten Anteil an dem Gewinn, den die Welt für ihre Arbeit einheimst.

Das Fazit.

Die Wiedergeburt Deutschlands ist ein Ereignis der jüngsten Geschichte. Die deutsche Nation ist jung und außerordentlich tatkräftig. Der große Wohlstand, den sie jetzt genießt, ist zu allgemein bekannt, um einer Beschreibung zu bedürfen. Ich selbst habe während der letzten 30 Jahre den stets wachsenden Wohlstand beobachten können, die Hebung der nationalen Wohlfahrt, den wachsenden Stolz des Deutschen darüber, daß er Bürger eines angesehenen Gemeinwesens ist. Von dem Gesamtgewinn, der für Deutschland zu buchen ist, müssen in Abzug gebracht werden die Ausgaben für das Reich mit Einschluß der Kosten für Heer und Flotte. Hat sich der Militarismus als zermalmende Last erwiesen? Der Deutsche selbst hat sicher nichts davon gemerkt. Er ist nie so wohlhabend gewesen wie jetzt.

Aber könnte der Deutsche, wenn er seine Armee auflöste und seine Flotte abtakelte, nicht alle Vorteile der jetzigen Einheit behalten? Der kluge Deutsche lacht über die Frage. „Wir haben dergleichen versucht," antwortet er, „mit welchem Resultat, können Sie in der Geschichte nachlesen. Wollen Sie uns wirklich raten, unsere Sicherheit dem Altruismus der Russen anzuvertrauen? Was dabei herauskommt, haben die Finnen, Polen und die Einwohner der baltischen Provinzen genugsam erfahren. Würden Sie uns den Rat geben, den Schutz des Landes den Franzosen zu überlassen? Die Franzosen haben in früheren Zeiten ihren Anteil an unserer Geschichte gehabt. Oder würden sie es für klüger halten, uns unter den Schutz Großbritanniens zu stellen?"

Der Deutsche hält die Frage, ob es klug sein würde, die jetzigen Mittel seiner Selbstverteidigung aufzugeben, für ebenso töricht, wie die Frage dem Engländer erscheinen würde, ob England gut daran täte, sich seiner

Flotte ganz und gar zu entledigen. Wären wir in der Lage, in der sich Deutschland befindet, und hätten wir seine Geschichte hinter uns, so würden wir die Ausgaben für das Reich als einen sehr geringen Preis für einen unschätzbaren Gewinn ansehen.

---

6. Kapitel.

Imperialismus.

Das Wort Imperialismus ist außerordentlich vieldeutig, aber der Sinn, den der Amerikaner damit verbindet, ist im großen und ganzen ein unheimlicher. Er denkt dabei an die glänzende, aber grausame und brutale Laufbahn eines Alexander. Er ruft sich dabei in Erinnerung zurück, wie sich die Tyrannei Roms die zivilisierte und halb zivilisierte Welt unterjochte. „Der römische Imperialismus," so heißt es, „hatte die Welt in Herren und Knechte geteilt", und wir haben bei dieser Formel das Gefühl, als ob sie besonders treffend und ausdrucksvoll sei.

Der Militarismus Deutschlands und die Tatsache, daß die Deutschen sich eine Flotte erbauten, haben die Gemüter gewisser furchtsamer und mancher schlecht unterrichteter Leute mit üblen Ahnungen erfüllt. Man war bisher gewöhnt, sich den Deutschen vorzustellen, wie er Lieder komponiert und sie in Musik setzt, wie er mit den Philosophen träumt oder mondsüchtig seine Stunden damit verbringt, einen Sinn in den 2. Teil von Goethes Faust hineinzulesen, wie er seine lange Pfeife raucht und dabei die Blumen in unzähligen kleinen Gartenfenstern tränkt. Jetzt hat diese idealistische und keineswegs schreckliche Figur plötzlich einen neuen drohenden Ausdruck angenommen. Einst hielten wir den Deutschen für ein harmloses Wesen, das man wie eine Henne rupfen und vertilgen konnte. Nun betrachten wir ihn als einen Hunnen, der, auf die Eroberung der Welt erpicht, eine Gefahr ist für das Menschengeschlecht. Nachdem der Deutsche früher in gutmütiger Weise karikiert wurde, muß er es sich jetzt gefallen lassen, in entgegengesetztem Sinne von den Karikaturzeichnern mißbraucht zu werden.

Wir haben indessen gesehen, was es mit dem deutschen Militarismus auf sich hat. Es handelt sich dabei um Verteidigungsmaßnahmen, die der Nation aufgezwungen wurden und ein langes Kapitel der Erniedrigung zum Abschluß gebracht haben. Der Bau einer Flotte war die natürliche Folge der industriellen Entwicklung der Nation und ihres stets wachsenden Handels. Für ein Volk von 70 Millionen, das einen hohen Grad von Zivilisation erreicht hat, sich seiner Stärke bewußt ist, in seinem Wohlstande hauptsächlich von seinem auswärtigen Handel abhängt, würde es heller Wahnsinn sein, sich ruhig damit abzufinden, daß eine Nation von 45 Millionen die vollständige Kontrolle der Seehandelswege ausübt, mag diese Nation auch noch so reich und an ihr Vorrecht gewöhnt sein. Wir Amerikaner würden solch eine Lage keinen Augenblick ertragen. Es ist nicht der bloße Besitz von Armee und Flotte, dem Deutschland seinen Anteil an dem Imperialismus, der so mancher Nation einschließlich der unseren eigen ist, verdankt. In dem Sinne, in dem ich jetzt das Wort gebrauche, und der ihm augenblicklich überall untergelegt wird, ist ein Land nicht deshalb imperialistisch, daß es ein Imperium (Kaiserreich) ist. Eine Republik, z. B. Frankreich, kann ebenfalls imperialistisch sein. Imperialismus besteht in der Kontrolle, die von einer Nation über Völker ausgeübt wird, die ihr eigentlich nicht zugehören und keinen Anteil an ihrem nationalen Leben besitzen. Betrachten wir für einen Augenblick den Imperialismus verschiedener großer Nationen, um festzustellen, ob Deutschland imperialistischer ist als andere Völker.

Deutschland.

Wir haben gesehen, daß der deutsche Bund eine freiwillige Vereinigung von Staaten ist, die naturgemäß zueinander gehören. Die überwältigende Mehrheit seiner Bewohner hat dasselbe Blut, dieselbe Sprache, dieselben Überlieferungen und Lebensideale. Alle sind von einem starken Einheitswillen erfüllt, und sie wissen genau, was sie gelitten haben, solange ihre Einheit nicht erreicht war. Ihre Erziehung und Bildung sind im wesentlichen gleich. Sie bilden eine enge politische Einheit, mit einer Verfassung, die das allgemeine männliche Stimmrecht vorsieht und damit dem Volke einen Anteil an seiner eigenen Regierung sichert. Die Bevölkerung des Reiches beläuft sich auf fast 70 Millionen Einwohner.

Diese Nation besaß im Jahre 1914 koloniale Gebiete in Afrika und dem Großen Ozean mit einer Bevölkerung von ungefähr 12 Millionen Einwohnern. Sie kam erst sehr spät und fast gegen ihren eigenen Willen zu dem Besitz einer Herrschaft jenseits des Meeres. Bismarck, der Reichsgründer, verstand sich nur unwillig zu kolonialen Unternehmungen; und man darf sagen, daß die Erfordernisse des Handels Deutschland schrittweise und zögernd dahin führten, sich den Besitz fremder Länderstriche zu sichern.

Die Vereinigten Staaten.

Die 48 Staaten unserer Union bilden eine wirkliche Nation. Wir haben die Fremden, die zu uns kommen, uns assimiliert oder sind im Begriffe, dies schnell zu besorgen. Deshalb sind wir tatsächlich als eine Nation von fast 100 Millionen Menschen zu bezeichnen, die von dem Willen, eins zu sein, durchdrungen sind und sich derselben politischen Rechte erfreuen. In unseren Kolonien beherrschen wir eine Bevölkerung von ungefähr $10^1/_4$ Millionen. Die meisten von ihnen kamen im Verfolg des Krieges mit Spanien unter unsere Herrschaft, und wahrscheinlich haben die meisten Amerikaner ebensowenig wie ich daran gedacht, daß sich die von unserer Nation abhängigen Völker in solcher Weise vermehren würden.

Das britische Weltreich.

Die britische Nation ist im Vergleich mit anderen großen Nationen verhältnismäßig klein. Das Vereinigte Königreich von Großbritannien und Irland hat eine Bevölkerung von ungefähr 45 Millionen, weniger als die Hälfte der Vereinigten Staaten, etwa $^2/_3$ der deutschen Bevölkerung entsprechend. Diese Bevölkerung bewohnt zwei kleine Inseln, die etwa den hundertsten Teil des Landes ausmachen, das von den Grenzen des britischen Weltreiches umschlossen wird. Man kann von der Bevölkerung des Vereinigten Königreiches nicht ohne jede Einschränkung sagen, daß sie von einem Willen, eins zu sein, erfüllt ist. Ungefähr $^3/_4$ der Bevölkerung der kleineren Insel Irland sind nach vielen Jahrhunderten britischer Herrschaft England feindlich gesinnt. Sie können kaum als freiwillige Angehörige des britischen Reiches bezeichnet werden.

Die Bevölkerung des Vereinigten Königreiches bildet den Kern des britischen Weltreiches, und sein Parlament regiert, wenigstens theoretisch, das Ganze. Das Weltreich umfaßt $^1/_4$ der Erdoberfläche, und seine Bevölkerung beläuft sich auf 421 Millionen, d. i. das Neunfache der Bevölkerung des Vereinigten Königreiches.

Die kolonialen Gebiete des Weltreiches mit einer Bevölkerungszahl von 376 Millionen bestehen aus ungefähr 50 Gemeinwesen. Einige von ihnen sind sehr klein, andere haben eine ungeheure Ausdehnung. Nur wenige haben eine uneingeschränkte Selbstregierung. Die Mehrzahl ist vom Mutterlande viel abhängiger, als man gewöhnlich denkt. Alle sind ohne Unterschied Kolonien, d. h. sie haben keinen Anteil an der Regierung des Weltreiches. Es fehlen ihnen die Rechte unabhängiger Nationen. Die Rechte, die sie besitzen, sind ihnen theoretisch von dem Vereinigten Königreiche verliehen worden, sie können verkürzt oder ihnen ganz genommen werden. Recht über Krieg und Frieden steht ihnen nicht zu, noch auch besitzen sie eine unabhängige Vertretung zur Regelung internationaler Angelegenheiten.

Von den 376 Millionen, die dieses Kolonialreich bilden, sind 18,5 Millionen zu Gemeinwesen verbunden, die sich mehr oder minder freiwillig der britischen Herrschaft unterordnen. Diese Gemeinwesen sind die Herrschaft von Kanada, Neufundland und Labrador, Australien, Neuseeland und die Südafrikanische Union. Von der Südafrikanischen Union gilt nur in einem sehr beschränkten Umfang, daß sie freiwillig dem britischen Weltreiche angehört. Etwa 4 600 000 von ihren 6 Millionen Einwohnern sind Farbige, und nur wenige von ihnen besitzen politische Rechte. Von den Weißen sind nur $^{2}/_{5}$ britischen Ursprungs. Ein großer Teil des Landes wurde erst vor 15 Jahren als Gewinn eines blutigen Krieges dem Britischen Reiche einverleibt, und noch immer scheint eine gewisse Neigung zur Erhebung vorhanden zu sein, wenn sich eine Aussicht eröffnet, das britische Joch abzuwerfen. Die Rechnung ergibt, daß sich also etwa 13 Millionen von den 376 Millionen Einwohnern des britischen Kolonialreiches freiwillig der Herrschaft Englands unterordnen. Sie entäußern sich gewisser Unabhängigkeitsrechte entweder aus Gefühl und Überzeugung, oder um gewisse politische und ökonomische Vorteile zu erreichen. Sie leben indessen in Ländern, die weit von den britischen Inseln entfernt sind, und ihre Lebensbedingungen sind wieder außerordentlich verschieden. Man kann nicht sagen, daß ihre Interessen identisch sind mit denen der Einwohner des Vereinigten Königreiches. Sie sind eigentlich kein Teil der britischen Nation. In Wirklichkeit bilden sie besondere Nationen und haben infolgedessen auch ein eigenes nationales Selbstbewußtsein entwickelt.

Der Rest des Kolonialreiches, der in runden Zahlen 360 Millionen Seelen umfaßt, steht unter der Regierung des starken Armes. Ich will damit nicht sagen, daß die Regierung ganz auf bewaffnete Macht angewiesen ist. Völker können durch eine auswärtige Macht auf verschiedene Weise regiert werden. Rasse kann gegen Rasse und Religion gegen Religion ausgespielt werden.

Halb zivilisierte oder barbarische Herrscher können durch die Zahlung von Subsidien in Unterwerfung gehalten werden. Staaten, die von Eingeborenen gebildet werden, können anscheinend Autonomie besitzen und doch in einem Zustande der Unterjochung gehalten werden. Aber schließlich stehen wir vor der Tatsache, daß Hunderte von Millionen menschlicher Wesen, die über den ganzen Erdball zerstreut sind, von einer bloßen Handvoll Menschen regiert werden, die auf zwei kleinen Inseln gegenüber der Küste Europas wohnen, und daß dieses große Reich entstanden ist, um den Interessen eines Handels zu dienen, von dem ursprünglich nur jene wenigen Menschen profitierten. Man verweist bisweilen auf England hin als ein Musterbeispiel für den Triumph der Demokratie. Aber das britische Weltreich ist so wenig demokratisch, wie nur irgendeine politische Macht sein kann. Nur einer von neun britischen Untertanen hat Anteil an der Regierung.

Es liegt mir ferne zu behaupten, daß das Britische Reich als solches schlecht regiert ist. Versuche, sich unabhängig zu machen, werden, wie das immer der Fall ist, mit starker Hand niedergehalten. Aber diejenigen, die sich zufrieden in den großen Reichsverband fügen, genießen die Wohltaten der tüchtigen britischen Verwaltung. Ich wollte nur auf einige besonders augenscheinliche Tatsachen hinweisen. Die überwältigende Mehrheit der britischen Untertanen gehören in keiner Weise zu der britischen Nation. Das Weltreich ist ein geographischer Ausdruck. Es wird zusammengehalten durch eine äußerliche Gewalt. Das Band, das seine Auflösung verhindert, ist die gewaltige britische Flotte. Wenn man alle diese Dinge erwägt, so wird man an die

Macht des alten Rom erinnert. Hier haben wir den Imperialismus in seiner weitesten praktisch möglichen Form. Er drängt sich uns in jedem Winkel des bewohnten Erdballs auf. Der Mut und der Unternehmungsgeist, die sich darin offenbaren, erheischt unsere Bewunderung.

Frankreich.

Frankreich ist ein besonders begünstigtes Land, fruchtbar und sehr ergiebig, mit freiem Zugang zu den nördlichen und südlichen Meeren, dabei in keiner Weise überbevölkert oder auch nur der Gefahr der Überbevölkerung ausgesetzt, denn die Bevölkerungszahl bleibt im wesentlichen dieselbe. Aber Frankreich hält es für der Mühe wert, Kolonialgebiete zu erwerben, die an Ausdehnung und Wichtigkeit nur denjenigen des britischen Weltreiches nachstehen. Es hat Kolonien in Asien, Afrika, Amerika und Australien mit einer Gesamtbevölkerung von etwa 44 Millionen Einwohnern, einer Zahl, die die Bevölkerung Frankreichs übertrifft. Ein großer Teil dieser Kolonialbesitzungen ist erworben worden seit der Gründung der jetzigen Republik.

Die anfängliche Politik Frankreichs gegenüber den unterworfenen Völkerschaften bestand darin, sie zu zivilisieren und sich zu assimilieren. Man bemühte sich, die Kolonialvölker zu Franzosen zu machen; aber seit dem letzten Viertel des vergangenen Jahrhunderts hat die Aussichtslosigkeit, dieses Ziel zu erreichen, und die Erkenntnis, daß die Kolonien hauptsächlich in handelspolitischer Hinsicht von Wert sind, einen Wechsel der Politik herbeigeführt. Nichtsdestoweniger ist Frankreich in gewisser Hinsicht demokratischer in der Verwaltung seiner Kolonien als Großbritannien. Gewisse

Kolonien haben das Recht, Vertreter in die französische gesetzgebende Körperschaft zu entsenden, und diese Vertreter haben dieselben Rechte wie die in Frankreich gewählten Deputierten.

Rußland.

Das russische Reich besteht aus ungeheuren Länderstrecken im Osten Europas und Norden Asiens, die ungefähr $^1/_6$ der Erdoberfläche bedecken. Es ist ohne eisfreie Häfen an den ozeanischen Küsten.

Wie ich an anderer Stelle bemerkt habe, kann die Ausbreitung der moskowitischen Herrschaft nur mit den Überschwemmungen einer steigenden Flut verglichen werden. Zivilisierte Völker wohl als auch Volksstämme, die sich noch im Zustande der Barbarei befinden, sind unterworfen worden. Wo immer der Damm zu schwach ist, um die Flutwelle zurückzuweisen, wiederholt sich derselbe Vorgang. Einen entschiedenen Widerstand erfuhr Rußland von seiten Japans in den Jahren 1904/05. Aber solche Widerstände sind vorübergehend, und ihre Bedeutung ist lokaler Natur. Die Landgrenze des Russischen Reiches in Europa und Asien erstreckt sich über mehr als 12 000 englische Meilen, und die Zahl der Völker und Rassen, die sich bedroht fühlen, ist nicht gering.

Wir stellen uns das Russische Reich gewöhnlich als von Slaven bewohnt vor. Gewiß ist die Mehrheit der Bevölkerung slavisch, aber wir dürfen nicht vergessen, daß es verschiedene slavische Völker gibt, die teilweise gar nicht miteinander verwandt und ebensowenig durch Bande der Sympathie miteinander verbunden sind. Wir dürfen auch nicht übersehen, daß der nicht slavische

Teil der Bevölkerung an Zahl derjenigen Frankreichs oder derjenigen des Vereinigten Königreichs von Großbritannien und Irland gleichkommt. Das Russische Reich stellt eine Herrschaft dar, nicht eine Nation. Es wird nicht zusammengehalten durch eine starke innere Kraft, durch die freie Einwilligung der Regierten, durch ihren Willen, zusammenzuhalten. Die große Mehrheit seiner Untertanen ist nicht intelligent und unterrichtet genug, um in freier und besonnener Entschließung bei irgend etwas mitzuwirken. Es würde zu großen Mißverständnissen führen, wenn man den Bund seiner Völkerschaften mit demjenigen der 48 Staaten unserer Union vergleichen wollte. Kurz und gut, Rußland ist imperialistisch, nicht bloß in dem Sinne, daß sein Herrscher den Titel eines Kaisers führt, sondern imperialistisch in dem hier in Betracht kommenden Sinne: sein Imperialismus ist aggressiv, für die Nachbarstaaten bedrohlich.

Verschiedene Formen des Imperialismus.

Ich habe genug gesagt, um klarzulegen, daß Länder, die nicht bloß in ihrer Regierungsform sondern auch in dem Grade der Zivilisation, den sie erreicht haben, durchaus verschieden sind, imperialistisch sein können, wenn durch dieses Wort die Herrschaft bezeichnet wird, die von einer Nation über andere fremde Völker, die sich nicht selbst regieren, sondern regiert werden, geübt wird. Natürlich werden die unterworfenen Völkerschaften, je nach dem Grade der Humanität und Bildung, den ihre Gewalthaber erreicht haben, sich einer guten oder schlechten Regierung erfreuen. Es darf als Regel gelten, daß, wenn ein Volk unterworfen wird, die Eroberer nicht durch Rücksichten auf dessen Wohl, nicht durch altruistische Erwägungen geleitet werden. Wirtschaftliche Vorteile, Herrschaftsgelüste, die Besetzung eines vorteilhaft gelegenen Gebietes, um dadurch die Erreichung weiterer Ziele zu sichern: das sind die Triebfedern, die zur kolonialen Ausbeutung führen. Nachdem eine Kolonie in Besitz genommen worden ist, wird man in Ländern, die als moralisch hochstehend gelten, natürlich erklären, daß es besser für die Kolonien ist, gegen ihren Willen regiert zu werden, als sich selbst oder der Gnade anderer Mächte überlassen zu bleiben. Aber die ganze lange Geschichte der Kolonisation zeigt, daß dieser Gedanke hinterdrein kam und zur Entschuldigung dienen sollte. Nichtsdestoweniger werden die modernen Kulturvölker sich bemühen, ihre Kolonien den Grundsätzen der Zivilisation entsprechend zu regieren. Ich habe angedeutet, daß für diejenigen, die sich damit abfinden, die moderne britische Kolonialregierung nicht schlecht ist. Die Franzosen haben vielfach in demselben Geiste regiert und haben sogar versucht, noch weiter zu gehen. Weder Großbritannien noch Frankreich haben Besitz von einem zivilisierten Völkerstamm ergriffen, um seine Zivilisation mit Vorbedacht zu vernichten.

In Rußland zeigt sich uns ein ganz anderes Bild. In Finnland, in den baltischen Provinzen, in Polen hat die Zivilisation entschiedene Rückschläge erlebt. Aber das kommt daher, weil Rußland bis jetzt noch keine zivilisierte Macht ist, wenigstens nicht in dem Sinne, in dem die Worte in Westeuropa verstanden werden. Rußland bemühte sich, die eroberten Provinzen auf die Höhe seiner eigenen Zivilisation zu bringen. Auf diese Höhe gebracht zu werden, mag für eine Tartarenhorde einen Aufstieg bedeuten, für ein europäisches Volk bedeutet es das Gegenteil.

Der amerikanische Imperialismus und Deutschland.

Wenn man eine Karte in die Hand nimmt, welche die allmähliche Ausdehnung der Vereinigten Staaten farbig darstellt, so wird der oberflächliche Beobachter an die Ausdehnung der moskowitischen Herrschaft erinnert werden. Das Gebiet, das wir im Jahre 1783 in Besitz hatten oder vielmehr beherrschten, umfaßt weniger als ein Drittel des Gebietes, über das sich jetzt unsere 48 Staaten erstrecken. Die verschiedenen Etappen auf dem Wege der späterhin erfolgten großen Erweiterung unseres Gebietes werden durch folgende Zahlen bezeichnet: 1803, 1810—1813, 1818, 1819, 1845, 1845 bis 1848, 1846, 1848, 1853. Nicht alle Gebiete, die in diesen Jahren erworben wurden, fielen uns durch Ankauf oder friedliche Verhandlung zu.

Nichtsdestoweniger kann das Gebiet, das uns jetzt gehört, in keiner Weise mit dem russischen Reiche verglichen werden. Unsere Ausdehnung bestand in der Hauptsache darin, daß wir als junges, aufstrebendes Volk in leere oder verhältnismäßig leere Gebiete gewissermaßen hineinwuchsen. Eine äußerst schnelle Assimilation ging mit unserer Ausbreitung Hand in Hand. Die Zivilisation, die wir mit uns brachten, war höher als diejenige der Völkerstämme, die wir mit uns verschmolzen; und wir gewährten den neuen Gebieten, sobald sie dafür reif waren, das volle Maß der Freiheit, dessen sich alle unsere Staaten erfreuen. Von Maine bis nach Kalifornien, von Norddakota bis Texas wird das Land jetzt von Amerikanern bewohnt, die einen ungewöhnlich gleichartigen Menschenschlag darstellen. Selbstbewußt bezeichnen sie sich als Amerikaner und erfreuen sich des Vorrechtes der Selbstregierung. Wenn das große

Gebiet, über das sie sich verbreiten, mit irgendeinem Reiche verglichen werden kann, so wäre dies am ehesten Deutschland, das ebenfalls ein freier Bund zivilisierter Staaten mit einer homogenen Bevölkerung ist. Die Union kann mit dem russischen oder britischen Weltreich, die so ganz anders sind, nicht verglichen werden.

Es läßt sich kaum behaupten, daß die Vereinigten Staaten mit dem Ankauf von Alaska im Jahre 1867 das Gebiet der Kolonialpolitik betraten. Alaska hatte zu jener Zeit eine Bevölkerung, die sich auf nur 30 000 Seelen belief. Zwei Drittel davon waren Eskimos und Indianer. Innerhalb der letzten 20 Jahre sind die Vereinigten Staaten indessen in den Besitz von Gebieten gelangt, die als ein kleines Kolonialreich im Atlantischen und Stillen Ozean bezeichnet werden können. Ihre auswärtigen Interessen haben sich bedeutsam erweitert, und ich glaube nicht, daß irgendein Amerikaner unserer Tage zu sagen vermag, welches Volk oder welche Völker durch die Forderungen der noch verhüllten Zukunft entweder gänzlich oder nur zum Teil unter unsere Herrschaft gebracht werden können. Eines ist sicher: die amerikanische Nation ist nicht mit Bewußtsein und Vorbedacht dem Imperialismus zugesteuert. Wir sind nicht landarm, denn wir bewohnen ein ungeheures Gebiet mit schier unbegrenzten Hilfsquellen. Um zu Wohlstand zu gelangen, sind wir nicht gezwungen, uns gewaltsam anderer Länder zu bemächtigen; und soweit mein Urteil reicht, ist auch dies sicher: dem Durchschnittsamerikaner von Bildung ist der Gedanke widerwärtig, daß wir uns der Länder anderer Völker bemächtigen sollten, lediglich in der Absicht, diese Völker zu unserem eigenen materiellen

Vorteil auszubeuten. Sicher gibt es Amerikaner, die keinen so hohen Standpunkt vertreten, aber sie sind in der Minderheit. Wir gaben Kuba seinen Bewohnern zurück. Das moralische Gefühl derjenigen Amerikaner, die nicht durch ihre eigenen direkten finanziellen Interessen geleitet werden, würde sich an dem Gedanken stoßen, daß wir die Philippinen, ohne uns unserer Pflichten für die Wohlfahrt der eingeborenen Bevölkerung bewußt zu werden, zurückbehalten könnten, lediglich in der Absicht, die großen natürlichen Hilfsquellen der Inseln im Interesse der Amerikaner zu entwickeln.

Es schien mir richtig, den amerikanischen und deutschen Imperialismus unter derselben Überschrift zu behandeln denn beide stimmen in mehr als einer Hinsicht überein. Zunächst bilden beide Nationen einen Bund zivilisierter Staaten, die ihrer ganzen Natur nach zusammengehören, und in beiden Fällen sind die kolonialen Besitzungen nicht nur von beschränkter Ausdehnung sondern auch verhältnismäßig jungen Ursprungs. Die Bevölkerung dieser Kolonien ist im Vergleich mit der Ausdehnung des Mutterlandes bis zu dem gegenwärtigen Augenblick verhältnismäßig gering.

Überdies haben die Vereinigten Staaten, wie sich ihre internationalen Interessen immer stärker entwickelten, es der Mühe wert gehalten, auch in fernen Landstrichen sich koloniale Besitzungen zu sichern. Eine ähnliche Erscheinung ist auch in Deutschland hervorgetreten. Sie war das natürliche Resultat der außerordentlichen Vermehrung des deutschen Außenhandels.

Ferner waren die Vereinigten Staaten, um leben und sich entwickeln zu können, nicht gezwungen, sich an den Gebieten fremder Völker zu vergreifen. Dasselbe ist der Fall bei Deutschland. Trotz verhältnismäßig unbedeutender Kolonien haben sich die deutschen Staaten durch die Sparsamkeit und die Intelligenz ihrer Bewohner zu außerordentlicher Blüte entwickelt. Des Friedens sich freuend, haben die Deutschen unter selbst mäßig günstigen Bedingungen des freien Wettbewerbs in den Weltmärkten gezeigt, daß sie wie die Amerikaner imstande sind, ihr Feld zu behaupten. Wie die Verhältnisse liegen, hat der Deutsche, dessen Land weit kleiner ist als das unsere, sich zuhause eines solchen Wohlstandes erfreut, daß die Auswanderung aus dem Vaterlande eigentlich aufgehört hat.

Ich glaube, daß ich, ohne irgendwie ungerecht zu sein, die beiden Gewißheiten, denen ich oben Ausdruck gab, hier mit Bezug auf Deutschland wiederholen kann. Ich stehe nicht an, zu erklären, daß die Deutschen dem Imperialismus, wenn das Wort in seiner gewöhnlichen Bedeutung gefaßt wird, im Laufe der letzten Jahre nicht mit Bewußtsein zugesteuert sind.

Gewisse törichte Deutsche haben wenig maßvolle Schriften publiziert, und diese Schriften sind im Auslande mehr gelesen und besprochen worden als in Deutschland. Das ist ganz natürlich. Deutschland ist eine neue und starke Nation und erfüllt diejenigen, die es vorher mit mehr oder weniger gutmütiger Verachtung bedacht haben, mit der Furcht, die von der Stärke nur zu häufig eingeflößt wird. Aber in meinen Unterhaltungen mit Deutschen aller Klassen, sowohl aus dem Militär- als auch aus dem Zivilberufe, habe ich niemals über jene fraglichen Bücher sprechen hören, es sei denn, daß ich selbst, veranlaßt durch die Lektüre der englischen und amerikanischen Zeitungen, die Rede auf den Gegenstand brachte.

Solche Äußerungen werden in Deutschland nicht ernster genommen als die Äußerungen extremer Leute bei uns. Ich denke nicht an das, was seit Ausbruch des Krieges gedruckt worden ist, sondern was vorher auf dem Büchermarkte erschien und als ein Niederschlag deutscher Gedanken und Gesinnungen unter normalen Verhältnissen gelten kann. Die große Mehrzahl der Deutschen wünscht den Frieden und die wirtschaftliche Entwicklung, die nur unter der Herrschaft des Friedens gedeihen kann. Der Gedanke an Eroberung lag ihnen ferne, obgleich sie zu willenskräftiger Verteidigung bereit waren.

Die zweite Gewißheit, auf die ich anspielte, liegt in dem Gedanken, daß es einem so humanen und zivilisierten Volk, wie es die Deutschen nachweislich sind, nicht beikommen würde, unterworfene Völkerstämme unmenschlich zu behandeln und sie gewissenlos auszubeuten. Man denke an die soziale Gesetzgebung der deutschen Staaten, an den Schutz der Rechte der Armen, Schwachen und Hilflosen. Es würde für ein solches Volk ebenso unnatürlich als für uns sein, die Gebote der Menschlichkeit gegenüber einem unterworfenen Volke außer acht zu lassen.

Schlußbetrachtung.

Nationen, die sich in bezug auf ihre Regierungsform weit voneinander unterscheiden, können imperialistisch sein. Die am meisten imperialistische Nation, Großbritannien, ist zweifellos keine Republik, aber die Republik Frankreich hat ein Kolonialreich, das in bezug auf Ausdehnung und Wichtigkeit an zweiter Stelle steht. Alle großen Mächte sind bis zu einem gewissen Grade imperialistisch. Aber die Vereinigten Staaten und Deutschland haben erst seit kurzem imperialistische Neigungen gezeigt, und zwar bisher in weit geringerem Maße als die anderen von mir erwähnten Nationen. Weder die Vereinigten Staaten noch auch Deutschland steuerten im Laufe der letzten Generation mit Bewußtsein und Absicht einer Eroberungspolitik zu. Wir führten nicht Krieg gegen Spanien, um dem Lande seine Kolonien zu rauben. Der Erwerb dieser Kolonien war eine Begleiterscheinung des Krieges. Aber sowohl die Vereinigten Staaten als Deutschland sind zu der Überzeugung gekommen, daß es sich lohnt, Gebiete auf der anderen Seite des Weltmeeres zu erwerben.

Zweifellos gibt es Deutsche, die mit Engländern, Franzosen, Italienern, Spaniern, Holländern und anderen darin übereinstimmen, daß es wertvoll ist, ein Kolonialreich von einiger Bedeutung zu besitzen. Aber das beweist für ihre tiefgenährten Eroberungsgelüste ebensowenig, als des Amerikaners Überzeugung von der Vortrefflichkeit des Reichtums dafür beweist, daß er den Gedanken hegt, sich durch Betrug zu bereichern.

Ich will mich eines allgemeinen Urteils darüber enthalten, ob der Imperialismus oder das Gegenteil des Imperialismus wünschenswert für uns ist. Aber ich halte es für richtig, die Tatsache zu betonen, daß Deutschland weder in der Vergangenheit noch in der Gegenwart imperialistischer ist als andere Nationen. Das Land müßte, um einige dieser Nationen einzuholen, in Zukunft ungeheure Anstrengungen machen. Ihr Vorsprung ist fast hoffnungslos.

7. Kapitel.

Die Zukunft der Nationen.

Zwei neue Nationen, die Vereinigten Staaten von Amerika und das deutsche Reich, haben durch ihre eigene starke innere Entwicklung und durch die Stärke der ihnen eigenen modernen Zivilisation das Gleichgewicht der Mächte, das zwischen den Nationen der Erde in den letzten 50 Jahren herrschte, vollkommen zerstört. In beiden Fällen waren die Grundlagen für diese Entwicklung lange vorher gelegt. Aber es war den jüngsten Jahren vorbehalten, zu offenbaren, welch eine gewaltige Tragfähigkeit diese Grundlagen besaßen. China, das, soweit die Zahl der Bevölkerung in Frage kommt, eine weit größere Nation ist, hat in dem Gleichgewicht der Mächte bis jetzt keine Veränderung hervorgerufen.

Ist es unvermeidlich, oder ist es wünschenswert, daß das Gleichgewicht der Mächte von Zeit zu Zeit zerstört wird, um auf einer neuen Grundlage wiederhergestellt zu werden? Was dürfen wir vernünftigerweise erwarten? Was sollten wir als verständige Menschen uns als Ziel setzen? Im Schlußkapitel will ich kurz den Status quo und das Gleichgewicht der Mächte erörtern. Dabei werde ich einigen Erwägungen Ausdruck geben, die sich demjenigen unweigerlich aufdrängen, der über die Bedeutung dieser Ausdrücke nachdenkt.

Der Status quo und das Gleichgewicht der Mächte.

Diese Ausdrücke sind beständig als Losungsworte gebraucht worden, als Zauberformeln, um die Ohren der Dummköpfe zu kitzeln. Dem ziemlich vagen Ausdruck Status quo begegnen wir häufig in dem Mund des Mannes, der ein Interesse daran hat, die Fortdauer eines Zustandes, der bereits lange oder auch nur kurze Zeit bestanden hat, zu betonen. Ein Maun, der wohlhabend gewesen oder noch wohlhabend ist, ist kein Freund von Neuerungen. Das bestehende Gleichgewicht der Mächte scheint denjenigen immer willkommen zu sein, auf dessen Seite sich das Gleichgewicht neigt.

Immerhin kann für den Status quo und das Gleichgewicht der Mächte, wenn wir einmal von der mißbräuchlichen Verwendung dieser Ausdrüne absehen, dies oder jenes gesagt werden, wie sich weiter unten zeigen wird. Nur jene mißbräuchliche Verwendung kann den Glauben erwecken, daß man auf den Forderungen „Status quo“ und „Gleichgewicht der Mächte“, unbekümmert um die Interessen der Zivilisation und die Wohlfahrt der Menschheit, bestehen müsse; daß sie auch dann noch Gültigkeit haben, wenn die Bedingungen, die ihnen eine gewisse Berechtigung geben, durchaus verändert sind. Erörterungen, die mit dem Status quo und dem Gleichgewicht der Mächte begründet werden, wenden sich in erster Linie an die Konservativen. Der Amerikaner hat seine konservative Seite. Er ist kein Freund von Revolutionen. Aber niemals hat er sich als Konservativer der strengsten Sorte gezeigt; er ist zu jung und zu kräftig, um Veränderungen grundsätzlich abgeneigt zu sein. Welches ist im großen und ganzen das Verhalten der Amerikaner gegenüber dem Status quo? Haben wir den Status quo hingenommen, als wir die Indianer aus ihrem Besitz vertrieben? Haben wir uns vor dem Grundsatze gebeugt, als wir unsere Unabhängigkeitserklärung im Jahre 1776 veröffentlichten? Haben wir ihn geachtet, als wir in den Jahren vor 1812 uns dagegen auflehnten, daß amerikanische Schiffe durchsucht und amerikanische Matrosen von Großbritannien zum Seedienst gepreßt wurden? Dachten wir an den Status quo im Jahre 1861, als wir uns weigerten, die Konföderation anzuerkennen, und auf der Unverletzlichkeit der Union bestanden? Haben wir uns ihm unterworfen zur Zeit unseres Krieges mit Spanien? Weder der Status quo noch das Gleichgewicht der Mächte waren für den Präsidenten ein Hindernis, der zuerst die Monroe Doctrine verkündete, noch hat Lincoln sich um sie bekümmert, als seine bebegeisterten Worte Millionen von Sklaven die Freiheit wiedergab, noch auch haben sie jene Reihe von Entscheidungen beeinflußt, die uns ein befestigtes Panama unter amerikanischer Kontrolle gaben, noch haben sie uns schließlich gehindert unsern Anteil zu fordern an den internationalen Verwicklungen, die unweigerlich auf die Ausdehnung unserer Interessen im fernen Osten folgten.

Der Aufstieg Deutschlands ist so natürlich und unvermeidlich gewesen wie derjenige unseres eigenen Landes. Die Einigung der deutschen Staaten im Jahre 1871 hatte die Vereinigten Staaten von Deutschland zur Folge; diese enge Gemeinschaft hochzivilisierter

Staaten steht unter einer Bundesregierung ähnlich der unseren. Die Bevölkerung des Reiches, die bereits bei seiner Gründung zahlreich war, ist schnell gewachsen. Es handelt sich um eine homogene, durchaus gebildete, in hohem Maße aufgeklärte Bevölkerung, die über jene geistigen und moralischen Eigenschaften verfügt, die den wirtschaftlichen Erfolg bedingen: Ordnung, Disziplin, Fleiß, Erfindungskraft, Unternehmungsgeist und ein Talent für Organisation. Das deutsche Volk ist als Nation noch sehr jung, viel jünger als unser Volk. Das Blut der Jugend rinnt in seinen Adern, und Deutschland blickt naturgemäß vorwärts und nicht zurück. Der ungestörte Frieden, dessen sich die Nation fast ein halbes Jahrhundert lang erfreut hat, begünstigte die innere Entwicklung; in Wissenschaft, Industrie und Handel sieht sich das Land in die vorderste Reihe der modernen Nationen gestellt.

Solch eine Entwicklung — es ist eine Entwicklung, die ganz den Interessen der Zivilisation dient — hat unvermeidlich das Gleichgewicht der Mächte in Europa verschoben. Nicht die deutsche Armee und Flotte haben das Gleichgewicht der Mächte gestört, sie sind nur Symptome. Die Nation selbst ist die wirkliche Ursache der Störung, und zwar durch ihre natürliche Entwicklung und hauptsächlich durch die Betätigung jener moralischen Eigenschaften, die wenigstens theoretisch von allen Menschen gebilligt werden. Die alten Zustände Europas sind bis zu einem gewissen Grade verschwunden. Neue Verhältnisse von nicht geringer Bedeutung für Europa haben sich entwickelt. Sollen wir an den Status quo appellieren und uns verschwören, um den Zeiger zurückzustellen, oder sollen wir anerkennen, daß die Zeiten andere geworden sind und wir uns mit ihnen verändert haben?

Man kann übrigens zugunsten des Status quo anführen, daß er ein Grundsatz ist, der den Frieden begünstigt. Konservative Gesinnung findet sich vornehmlich bei ruhig urteilenden Leuten. Leute von Erfahrung neigen ihr mehr zu als junge und stürmische Naturen. Das Recht ist konservativ, die Kirche ist konservativ; die gesellschaftlichen Gewohnheiten, die den Menschen vertraut geworden sind, werden nicht leichthin mit anderen vertauscht. In allen Ländern herrscht das Gefühl, daß eine gewisse Achtung für alles, was durch den Gebrauch geheiligt ist, dem gesellschaftlichen Organismus Beständigkeit zu geben vermag. Trotzdem ist kein Land ohne einen gewissen Wechsel denkbar. Wo sich nichts oder fast gar nichts verändert, da ist kein Leben und kein Fortschritt. Der einzige waschechte Konservative ist der Mann, der tot ist. Der vernünftige Konservative wird sich bemühen, sich so viel von dem Neuen anzueignen, als ihm richtig erscheint. Er wird sich davor hüten, einen zu hohen Preis für die Neuerung zu zahlen.

Der Status quo begünstigt den Frieden; aber wenn die Verhältnisse sich über einen gewissen Grad hinaus verändern, so kann sich der Friede als eine träge Erstarrung erweisen, die lebenskräftige Nationen als unerträglich zurückweisen werden. Die Veränderungen, die in den Vereinigten Staaten Platz gegriffen haben, machten veränderte Beziehungen zu der ganzen übrigen Welt unvermeidlich. Die Entwicklung Deutschlands hat es unmöglich gemacht, die Nation noch so zu betrachten und zu behandeln, wie man jenen losen Haufen von Gebieten, der in früherer Zeit unter dem Namen Deutschland ging, glaubte betrachten und behandeln zu dürfen.

Es scheint, als ob es möglich sein könnte, zu irgendeiner Art gegenseitiger Verständigung zu gelangen, wenigstens unter den zivilisierten Nationen, die jenen Veränderungen Rechnung tragen. Es ist wünschenswert, daß Nationen, welche in der Entwicklung begriffen sind, zivilisierte Nationen, deren Wachstum an Reichtum und Macht eine Vermehrung des Gesamtwohlstandes der Welt und des Reichtums ihrer Zivilisation bedeutet — es ist wünschenswert, sage ich, daß solche Nationen ihren Platz an der Sonne einnehmen; und sie werden sich diesen Platz nach und nach erringen, wie fähige Männer durch ihre eigene Kraft sich Kultur und Bildung schrittweise erobern. Daß jede Periode des Wachstums und der Entwicklung abgelöst werden sollte durch eine verhängnisvolle Erschütterung und eine ungeheure Zerstörung von Werten in den verschiedenen Ländern, wäre ein großes Unglück. Ist es unvermeidlich?

Die Freiheit der Meere.

Es handelt sich um ein Problem, das nicht leicht zu lösen ist. Es läßt sich kaum eine Ordnung in menschlichen Angelegenheiten denken, die nicht irgendwelche Härte für jemanden mit sich bringt. Freier Wettbewerb unter friedlichen Bedingungen erscheint denjenigen nicht ideal, die besondere Vorrechte genossen haben, auch denjenigen nicht, die mit einem großen Maß von Trägheit und Unfähigkeit begabt sind.

Ich muß mich hier im wesentlichen darauf beschränken, eine teilweise Lösung des Problems, und zwar in derjenigen Form, in der es uns gegenübersteht, zu behandeln.

Ich gedenke mich ausführlicher über den Gegenstand der Freiheit der Meere zu verbreiten.

Laßt mich mit einem Beispiele beginnen. Der Staat New York ist ein reicher und alter Staat. Laßt uns annehmen, daß er Anspruch erhebe auf die Kontrolle verschiedener überall in den Vereinigten Staaten zerstreuter Gebietsteile, die fast den vierten Teil des ganzen Staatengebietes ausmachen. Solche Besitzungen würden für New York wertlos sein, könnten auch nicht unter seiner Kontrolle gehalten werden, wenn nicht auch bequeme Verbindungswege mit ihnen unter seiner Kontrolle ständen. Solche Verbindungswege sind durch die Eisenbahnen der Vereinigten Staaten gegeben.

Laßt uns annehmen, der Reichsstaat würde, um sich in den sicheren Besitz seines Kolonialreiches zu setzen, sich tatsächlich die Herrschaft über die Eisenbahnen des ganzen Landes anmaßen, er würde eine große Zahl bewaffneter Züge bauen und hinaussenden unter gleichzeitiger Errichtung von Befestigungen an strategischen Punkten (Eisenbahnknotenpunkten), die teilweise in der Nähe, teilweise auf dem Gebiete anderer, als unabhängig geltender Staaten gelegen wären, er würde Truppen ausrüsten, bereit, im gegebenen Augenblicke loszuschlagen, wo irgendein abhängiges Gebiet Lust verspüren könnte, sich unabhängig zu machen, oder ein anderer Staat sich in den Verdacht bringen würde, sich Rechte anzumaßen, die mit den Interessen der Einwohner von New York nicht im Einklang sind. Nehmen wir weiter an, daß auch andere Staaten Interessen jenseits ihrer Grenzen zu haben glaubten, und daß sie, wenn auch in geringem Umfange, Panzerzüge ausrüsten und hinaussenden würden, unter der stillschweigenden Voraussetzung natürlich, daß dadurch der herrschende Einfluß New Yorks in keiner Weise gefährdet werden dürfte.

Solche Verhältnisse könnten eine Weile aufrechterhalten werden durch die wirkliche Überlegenheit des Staates New York, die Geschicklichkeit seiner Diplomaten und die Unfähigkeit der anderen Staaten, praktische Mittel zu finden, um in ihrem eigenen Interesse die Sachlage zu ändern. Eine Zeitlang könnte der Zustand durch die Macht bloßer Schwerfälligkeit und Trägheit erhalten werden. Überlieferung und Prestige sind bei der Ordnung menschlicher Angelegenheiten von nicht geringer Bedeutung. Staaten, die sich zum Widerstand zu schwach fühlen, mögen sich immerhin wenig angenehm berührt fühlen, wenn auf ihrem Gebiete oder vor ihren Toren Festungswerke durch fremde Mächte errichtet werden. Aber ihre Einwohner gewöhnen sich nach und nach an den Anblick, so daß sie die Sachlage später mit ganz anderen Augen ansehen, als dies ursprünglich der Fall war.

Aber wenn nun im natürlichen Verlauf der Dinge wenigstens zwei der anderen Staaten ebenso reich und mächtig, wenn nicht noch mächtiger würden als der Staat New York? Könnte der herrschende Zustand dann auf die Dauer bestehen bleiben?

Würden sich diese Staaten damit abfinden, in ihren Grenzen eingeschlossen zu bleiben, um sie nur geduldet verlassen zu dürfen? Würden sie sich zufrieden geben, auf diese Weise in ihren Unabhängigkeitsrechten beschnitten und gewissermaßen zu einer Kolonie herabgedrückt zu werden? Die Frage stellen, heißt sie beantworten. Und wenn nun der Staat New York die Ausrüstung so vieler Panzerzüge als schwere Last empfinden und den andern Staaten bedeuten würde, auch sie würden von dieser Last betroffen, wenn er einer allgemeinen Einschränkung der Rüstungen das Wort reden würde, aber wohlgemerkt unter solchen Bedingungen, welche die Herrschaft New Yorks über die Eisenbahnen des Landes dauernd sichern müßten? Wie würde solch eine Anregung aufgenommen werden? Auch diese Frage beantwortet sich von selbst.

Die Entfernungen zwischen den fünf hauptsächlichsten Bestandteilen des britischen Weltreiches, dem Vereinigten Königreiche, Südafrika, Indien, Australien und Kanada, sind ungeheure. Sie dehnen sich über die ganze Erde aus und erstrecken sich kreuz und quer durch manche Breitengrade. Die Entfernung von England bis zu dem Kap ist ungefähr 5000 englische Meilen, diejenige vom Kap bis nach Bombay ist nicht viel weniger, diejenige von Bombay nach Melbourne ist noch viel größer, von Melbourne bis nach Auckland beträgt die Entfernung 2000 Meilen, von dem letzteren Orte bis nach Vancouver beträgt sie mehr als 6000 Meilen, und von Halifax bis nach Liverpool ist die Entfernung 2700 Meilen. Die Reise von London nach Bombay über das Mittelmeer ist 6000 Meilen lang, diejenige von London nach Sidney auf demselben Wege beträgt mehr als 11 000 Meilen.

Die Beherrschung dieser großen Wasserstraße macht die Besetzung einer Menge von Zwischenstationen notwendig, und so befinden sich denn in den Händen des britischen Weltreiches Flotten- und militärische Stützpunkte, Kohlen- und Handelsstationen, welche den internationalen Verkehr strategisch zu sichern bestimmt sind. Diese gesicherten Verbindungen mit den Kolonien sind den Engländern nicht in den Schoß gefallen als freie Gabe starker Nationen. Wenn man die Liste der britischen Kolonien überschaut und auf die Art der Erwerbung acht gibt, begegnet man den verschiedensten Ausdrücken: Besitzergreifung („possession taken"), Niederlassung („settlement"), Eroberung („conquest"), Niederlassung und Abtretung („settlement and cession"), Erwerbung durch Vergleich („capitulation"), Abtretung („cession"), militärische Besetzung („military occupation"), Annektierung („annexation"), Erklärung des Protektorates („protectorate declared"), Vertrag, Eroberung und Niederlassung („treaty, conquest, and settlement"), Besetzung und Abtretung („occupation and cession"), Erwerbung durch Vertrag und Stellung unter Schutzherrschaft („treaty and protectorate").

Alle diese Niederlassungen, Eroberungen, Kapitulationen, Abtretungen, Besetzungen, Schutzherrschaften und Annektierungen sind natürlich auf Kosten des schwächeren Teils erfolgt, ob dieser Teil nun klein oder groß, unzivilisiert oder zivilisiert war. Wäre Spanien so mächtig als die Vereinigten Staaten, so würde es die Besetzung von Gibraltar ebensowenig zugeben, wie wir uns mit derjenigen von Newport News zufrieden geben würden. Wäre Italien eine sehr mächtige Nation, so würde es sich weigern, Malta in den Händen Großbritanniens zu lassen. Wäre die Türkei nicht hilflos, so würde Ägypten nicht besetzt worden sein, um hernach unter die Schutzherrschaft Englands gestellt zu werden. Wäre China nicht ein schwacher Riese, so würde es Honkong ebensowenig der britischen Herrschaft überlassen, als sich die Vereinigten Staaten damit abfinden würden, Staten Island von Großbritannien kontrolliert zu sehen.

Ich habe nicht die Absicht die Engländer wegen ihrer Methode, durch die das Wachstum ihres Weltreiches gesichert worden ist, zu schelten. Es sind die gewöhnlichen Methoden, die bei der Erwerbung von Kolonien angewendet werden, und mit einer theoretischen Abhandlung über die Kolonienfrage habe ich mich hier nicht zu beschäftigen. Zwei Gründe haben mich geleitet, die Sachlage, wie sie vornehmlich durch die Existenz des britischen Weltreiches herbeigeführt worden ist, einer Betrachtung zu unterziehen. Mein erster Grund ist das ungeheure Ausmaß der Last, die die Engländer sich aufgebürdet haben, der andere die außerordentliche Schwerfälligkeit ihrer Handhabung. Ich meine die Verteilung der Kolonien, aus denen sich die große Herrschaft zusammensetzt, über alle Gebiete der Erde. Die britische Nation ist keineswegs eine der größten der Erde, und doch scheint sie gezwungen, Polizeidienste auf der ganzen Erdoberfläche zu üben, und ihre Interessen sind so ausgedehnt, daß es fast unvermeidlich erscheint, daß sie mit denjenigen vieler Rassen und Völker in Konflikt geraten.

Mit dem Aufstieg anderer starker Nationen, selbst hochkultivierter und besonders friedfertiger Nationen, mußte das Gewicht der Last, die England auf sich genommen hatte, naturnotwendig sich vermehren. Keine zivilisierte Nation lebt heutigen Tages im Bereich ihrer eigenen Grenzen. Keine beschäftigt sich ausschließlich mit Landbau und dem Verbrauch ihrer eigenen Produkte. Alle Völker verlangen einen freien Zugang zu den Märkten der Welt. Solange ihnen nicht die Freiheit der Meere garantiert wird, müssen sie notwendigerweise befürchten, daß die öffentlichen Heerstraßen der Welt in irgendeinem Augenblicke gesperrt werden können. Solange aber die Meere unter der Vorherrschaft irgendeiner Nation stehen, wird kein Volk das Gefühl haben, daß ihm diese Bürgschaft gesichert ist. Schwächere Nationen werden dies als unerträglich empfinden, und starke Nationen werden sich im Laufe der Zeit nicht damit zufrieden geben.

Es kann sich hier nicht darum handeln, die Vorherrschaft einer Nation durch diejenige einer anderen abzulösen. Nur eine wirkliche Neutralisierung kann in Frage kommen. Die Frage ist eine brennende. Wenn jenen Nationen, deren Kultur und wirtschaftliche Kraft sich gewaltig entwickelt, die Möglichkeit gegeben wird, unter friedlichen Verhältnissen ihre Handelsbeziehungen auszudehnen, so werden sie davon abgehalten, ihre Gebiete auf Kosten ihrer Nachbarn zu erweitern. Das Ausbreitungsbedürfnis, das tatkräftigen und aufstrebenden Nationen unter einfacheren, ursprünglicheren Verhältnissen eigen ist, wird niedergehalten. Eine internationale Bürgschaft für die Freiheit der Meere und der Zugang zu den Weltmärkten könnte uns möglicherweise vor jenen verhängnisvollen Erschütterungen bewahren, die man bis jetzt vergeblich von der zivilisierten Welt abzuwenden versucht hat.

Dieses Ziel könnte nur durch die aufrichtige Mitarbeit der führenden Kulturvölker erreicht werden. Seine Wirkungen könnten sehr weitreichend sein, auch die Verfassung kolonialer Völker im allgemeinen beeinflussen. Aber es hat kaum den Anschein, als ob irgendwelche Schwierigkeiten, die mit dem Problem verbunden sind, in Betracht kommen könnten gegenüber der furchtbaren Krankheit, die es zu heilen sucht.

Die Pflicht der Nationen.

Nach gewöhnlicher Auffassung haben die Menschen gewisse unmittelbare und gebieterische Pflichten, während andere Verpflichtungen als weniger vordringlich gelten. Die Selbsterhaltung sowie die Erhaltung von Frau und Kindern, das Streben, sich selbst und seine Familie aus harter Armut und erniedrigender Abhängigkeit zu erheben, der Kampf, um einige jener materiellen Vorteile zu erreichen, deren sich andere Leute als Lohn für ihre Arbeit freuen: alle diese Bemühungen finden allgemeinen Beifall und scheinen den Stempel einer gebieterischen Pflicht zu tragen. Es gibt andere wichtige Pflichten: die Pflicht, den Gesetzen zu gehorchen und darauf zu achten, daß andere dasselbe tun. Die Pflicht, ein guter Nachbar zu sein und Rücksicht gegen seinen Nächsten zu üben. Die Pflicht, von Zeit zu Zeit auf Veränderungen im gesellschaftlichen Organismus zu drängen, wenn sich dieser Organismus in dieser und jener Hinsicht als unvollkommen erweist und Einzelpersonen oder gesellschaftlichen Klassen Härten verursacht.

Dasselbe können wir bei Nationen beobachten. Niemand spricht einer Nation das Recht ab, ihre Unabhängigkeit zu verteidigen oder sich gegen eine Verstümmelung zu wehren, die sie zu dem Leben eines Krüppels verurteilen würde. Niemand verurteilt ihre auf Selbstentwicklung gerichteten friedfertigen Bemühungen, ihr Streben, die Erziehung zu verbessern und die Tüchtigkeit ihrer Bevölkerung zu erhöhen, ihre Erfindungskraft und Beharrlichkeit in der Verfolgung derjenigen Künste, die die Kultur der Welt und den materiellen Wohlstand erhöhen. Wenn durch den Erfolg, mit dem irgendeine Nation diese

Aufgaben erfüllt, sich andere Nationen beleidigt fühlen, so rührt das nicht daher, weil die Bestrebungen als solche verurteilenswert sind, sondern weil es sich um einen Konflikt privater Interessen handelt. Selbst die Tugenden eines Spezereihändlers an der Ecke meiner Straße können mir anstößig sein, wenn ich selbst ein Spezereihändler bin und mir jene Tugenden nicht in demselben Maße eigen sind. Aber die Nationen haben noch andere Pflichten zu erfüllen: die Pflicht, ihre Nachbarn mit aller Rücksicht zu behandeln, die unter den bestehenden Verhältnissen möglich ist, die Pflicht, an der Verbesserung der internationalen Beziehungen zu arbeiten, so daß es nicht bloß für die Individuen innerhalb einer Nation möglich ist, als zivilisierte Menschen zu handeln, sondern daß auch die Nationen in ihren gegenseitigen Beziehungen aus dem Zustand der Anarchie herauskommen und sich einem zivilisierten Leben nähern. Wenn eine Nation die erstgenannten Verpflichtungen nicht beachtet, so wird sie nur wenig dazu beitragen können, daß sich die letzteren Forderungen erfüllen. Schwache Nationen können vielleicht wenig Unheil anrichten, aber sie sind ebenso machtlos, das Gute zu wirken.

Ich habe betont, daß das große Ziel für die Völkerfamilie dahin geht, ein brauchbares System einer zwischenstaatlichen Organisation auszuarbeiten, damit das Wachstum einer Nation ohne gewaltsame Erschütterungen, und ohne mit diesem System brechen zu müssen, vor sich gehen kann. Das allererste Erfordernis erscheint mir eine zwischenstaatliche Bürgschaft für die Freiheit der Meere. Dabei würden die kleinen Nationen ebenso sehr auf ihre Kosten kommen wie die größeren. Diese Bürgschaft würde bis zu einem gewissen Grade alle

Häfen der Welt öffnen und würde dahin führen, daß der wirklich Tüchtige sich durchsetzt. Aber sie würde als solche noch nicht das ganze Problem lösen können. Ich habe angedeutet, daß sie in Zukunft, vielleicht in ferner Zukunft zu einer ganz neuen Auffassung des Begriffes „Kolonien" führen könnte. Dies ist jedoch ein Problem einer mehr oder minder entfernten Zukunft; und augenblicklich stehen wir einer Lage gegenüber, die unmittelbare Beachtung fordert. Der gegenwärtige Zustand ist unerträglich, so unerträglich, daß er das Heilmittel zweifellos mit sich bringen wird. Der Handel der Welt, sowohl derjenige der Neutralen als auch der kriegführenden Staaten, ist wie das Privateigentum einer einzelnen Nation behandelt worden. Die großen Verkehrsstraßen der Welt sind blockiert. Diejenigen, die in Handelsschiffen in die Tiefe des Meeres versenkt wurden, scheinen unter keinem Gesetz zu stehen. Die Nationen müssen sich vereinigen, um die Wiederkehr eines solch unerträglichen Zustandes in Zukunft zu verhindern.

In diesem Buche habe ich es hauptsächlich mit Deutschland zu tun. Ich wende mich meinem Gegenstand wieder zu. Wie irgendeine Einzelpersönlichkeit sah sich die deutsche Nation gewissen gebieterischen Pflichten gegenübergestellt, und diese Pflichten sind mit einem außerordentlichen Maß von Treue und Rührigkeit erfüllt worden. Deutschland hat seine nationale Verteidigung vorbereitet, hat seine Bevölkerung erzogen und aufgeklärt und allen Klassen ein hohes Maß von Wohlfahrt gesichert. Das Land hat die Künste und Wissenschaften gepflegt und dadurch zur Erziehung und materiellen Wohlfahrt der ganzen Welt beigetragen.

Seine Bemühungen sind nicht ohne Lohn geblieben. Schließlich sah sich Deutschland in einen Krieg verwickelt, in dem es sich gegen Zerstörung oder wenigstens traurige Verstümmelung zu wehren hat. Mit den Ursachen des Krieges brauche ich mich hier nicht zu befassen. Es genügt, wenn ich bemerke, daß die gewöhnlich angeführten Ursachen gänzlich unerheblich sind und nur zum Teil zutreffen. Die Deutschen gingen nicht in den Krieg, weil Treitschke Vorlesungen hielt, sie griffen nicht zu den Waffen, weil ein oder mehrere militärische Schwärmer maßlose Pamphlete schrieben. Nietzsche hatte nicht mehr mit dem Krieg zu tun als Artemus Ward. Große Weltbewegungen werden durch solche trivialen Umstände ebensowenig erklärt als die Bewegungen eines Speisewagens durch die Tatsache, daß eine Fliege in der Butter ist. Auch finden wir die wahren Ursachen des Krieges nicht in den diplomatischen Noten, wie klug sie auch verfaßt sein mögen. Alles das sind Symptome oder im besten Falle Anlässe, nicht die Gründe, die einen dauernden Druck ausüben und eine wirkliche Störung im Gleichgewicht der Mächte bedingen. In wirklich zivilisierten Nationen haben die Worte oder selbst die Taten eines individuellen Menschen nicht die Bedeutung, die ihnen unter der Regierung eines orientalischen Despoten zukommt.

Ich werde mich auch hüten, den Ausgang des Krieges vorherzusagen. Das mag der Zukunft überlassen bleiben. Doch glaube ich mit einiger Sicherheit behaupten zu können, daß Deutschland, falls es gewinnt, sich einer Lage gegenübersehen wird, die von den meisten Deutschen ebensowenig erwartet wurde wie die Lage, in der wir uns nach dem spanischen Kriege befanden, von den meisten Amerikanern vorhergesehen wurde. Wir hatten keinen Eroberungskrieg unternommen, und ein Kolonialreich fiel uns als Folge des Krieges zu. Was wird Deutschland tun? Ich weiß es, offen gestanden, nicht, und ich glaube nicht, daß sich die Mehrzahl der Deutschen bislang eine bestimmte Meinung darüber gebildet hat. Ich habe nun den Gang der Kriegsereignisse etwa 10 Monate lang verfolgt und konnte, da ich in Deutschland lebte, die Verhältnisse hierzulande mit eigenen Augen und doch mit dem kritischen Blick eines Fremden verfolgen. Während dieser Zeit waren für mich alle fremden Zeitungen, die amerikanischen, englischen, französischen und italienischen, erreichbar. Nicht nur wurden mir diese Zeitungen direkt zugesandt, sie wurden fortwährend, ohne daß der Zensor einschritt, in den Straßen Münchens verkauft. Ich habe in Deutschland eine Kraftentfaltung gesehen, die mir wie eine Art Offenbarung war, obgleich ich das Land wohl zu kennen meinte. Daß die große, geeinte, zivilisierte und glänzend organisierte deutsche Nation dauernd zu einer Macht zweiten Ranges herabgedrückt und unter die Vormundschaft irgendeiner Nation oder Gruppe von Nationen gestellt werden könnte, erscheint mir als gänzlich unfaßbar.

Man wird auf etwas anderes gefaßt sein müssen. Wenn die veralteten Vorrechte einer anderen Nation das natürliche und gesunde Wachstum Deutschlands hindern, so werden solche veralteten Privilegien verkürzt werden und ein Kompromiß gefunden werden müssen. Die Deutschen werden sich zweifellos durchsetzen, wie wir Amerikaner uns durchgesetzt haben und uns in der Zukunft durchsetzen werden. Sie werden auf alle Rechte Anspruch machen, die einer großen und hochzivilisierten Nation zukommen, einer Nation, die von der Überzeugung durchdrungen ist, daß sie der ganzen Welt einen Vorteil erweist, wenn sie ihre eigenen Interessen wahrt.

Wir dürfen nicht vergessen, daß die Stärke Deutschlands aus seinem eigensten innersten Wesen stammt. Es ist nicht das Abendglühen einer berühmten Vergangenheit, die unsere Augen blendet. Deutschland ist nicht stark infolge einer zufällig günstigen Lage. Das Land ist nicht zeitweilig furchtbar als Mitglied einer Koalition von Mächten, deren Kulturen wenig gemein haben, deren dauernde Interessen auseinander streben und die naturgemäß nur eine beschränkte Zeitdauer zusammengehen können.

Deutschlands Stärke kommt von innen. Und solche Stärke widersteht am nachhaltigsten der Zerstörung. Nationen, die auf die Dauer mit Deutschland wetteifern wollen, müssen eine Stärke ähnlicher Art besitzen oder entwickeln.

Daß Deutschland an Macht und Einfluß gewinnt, daß es seine Rechte fordert und seine unbedingte Unabhängigkeit bewahrt, ist absolut notwendig. Bei den Vereinigten Staaten liegt der Fall genau so. Gerade die Stärke dieser Nationen scheint ihnen besondere moralische Verpflichtungen aufzuerlegen. In dieser Stärke ist eine Macht, die nicht in einem einzigen Kampfe irgendwelcher Art, wie er auch enden möge, erschöpft werden kann.

Sie wird sich in der Welt fühlbar machen, lange nachdem sich die Leidenschaften, die durch diesen Krieg geweckt worden sind, gelegt haben.

Das geeinigte Deutschland ist eine große und machtvolle Nation geworden. Auf seine Stimme wird in der Zukunft weit mehr geachtet werden, als es bisher der Fall war. Das Land hat der Welt gezeigt, was ein moderner zivilisierter Staat für alle Klassen seiner Bürger tun kann und wie stark ein Staat durch die Vervollkommnung seiner sozialen Verfassung werden kann. Erziehung, Ordnung, Organisation, allen diesen Elementen moderner Zivilisation und moderner Kultur war Gelegenheit gegeben, sich in ihrer wahren Bedeutung zu offenbaren, und diese Offenbarung war eine eindrucksvolle.

Von der allgemeinen und tief gewurzelten Hingebung an den Staat, die sich in allen Klassen der Bevölkerung zeigte, konnte ein Fremder, bevor sie in dieser Krisis zutage trat, keine Ahnung haben. Der Deutsche nimmt die Tatsache, daß er zum Staate gehört, ruhig hin und auch die Folgen dieser Tatsache nimmt er bereitwillig auf sich. Der Staat hat dem Volke gegenüber seine Pflicht erfüllt, und für den Staat tritt nun seine Bevölkerung ein; die Selbstaufopferung des Individiums scheint als eine selbstverständliche Tatsache hingenommen zu werden.

Diese Erscheinung ist nicht immer in Deutschland beobachtet worden. Es gab früher einen Tiefstand des Nationalgefühls. Dabei wurde Deutschland leicht eine Beute fremder Völker. Heute ist Deutschland unter den veränderten Verhältnissen so sehr erstarkt, daß der Vertreter des Humanitätsgedankens sich berechtigt fühlt, den Deutschen — ebenso wie den Amerikaner — daran zu erinnern, daß kein Mann das Recht hat, nur ein Deutscher oder Amerikaner zu sein, sondern daß er sich auch seiner Pflichten als Mensch bewußt bleibe. Was immer unsere unmittelbaren Ziele auch sein mögen, wir dürfen nicht vergessen, daß wir zu der großen Familie der Nationen gehören. Wir dürfen die weiteren Ziele, internationales Recht und die Wohlfahrt der Menschheit, nicht aus den Augen verlieren.

Daher wage ich der ernsten Hoffnung Ausdruck zu geben, daß Deutschland sich durch die gebieterischen Pflichten gegen seine Untertanen nicht abhalten lassen wird, jene anderen Pflichten zu erfüllen, die wir von den Kulturnationen zu fordern das Recht haben, die Pflichten gegen die ganze Welt. Mag Deutschland sich mit anderen Nationen vereinigen, um zu verhüten, daß eine Tyrannei durch eine andere ersetzt wird. Mag es helfen, die Freiheit der Meere zu sichern.

Die Überzeugung, daß die Vereinigten Staaten und Deutschland in der Zukunft eine größere Rolle im Weltendrama spielen werden, als die meisten Amerikaner und Deutschen jetzt ahnen mögen, hat meine Feder in diesem Buche geführt. Beide Nationen stehen noch in der Blütezeit ihrer Entwicklung. Der größte Teil ihrer Arbeit liegt noch vor ihnen. Möge die Verständigung beider Völker so weit gedeihen, daß sie gemeinschaftlich für die Wohlfahrt der großen Familie der Nationen arbeiten. Möge es ihnen erspart bleiben, durch blinde Torheit in einen nutzlosen, unglücklichen Konflikt zu geraten. Die Kulturwelt sollte einig und verbunden sein. Leider ist das jetzt nicht der Fall. Wenn diese Einheit in Zukunft auf einer vernünftigen Grundlage erreicht wird, dann wird der Starke die Führung zu übernehmen haben.

www.ingramcontent.com/pod-product-compliance
Lightning Source LLC
LaVergne TN
LVHW092105300926
849161LV00002B/48

* 9 7 8 3 4 8 6 7 4 3 9 9 9 *